C.H.BECK  WISSEN

in der Beck'schen Reihe

2070

Dieses Buch bietet einen sachkundigen und lebendigen Überblick über die zweitausendjährige historische Entwicklung des Christentums von den Anfängen bis zur Gegenwart und vermittelt anschaulich die wesentlichen Kenntnisse über Grundlagen, Inhalte und Formen des christlichen Glaubens. Mit seiner Darstellung der christlichen Ethik und Lebenswelt knüpft der Autor an die aktuelle Diskussion um Glauben, Kirche und Gesellschaft an. – Mit einer Weltstatistik der Religionen im Anhang.

Kurt Nowak ist Professor für Kirchengeschichte an der Theologischen Fakultät der Universität Leipzig.

Inhalt

Vorwort

In der multikulturellen Gesellschaft herrscht Informationsbedarf über die Religionen. Selbst die Kenntnis der Religion des eigenen Kulturkreises, in unserem Fall des Christentums, ist nicht mehr selbstverständlich. Durch sein bloßes Dasein wirkt der christliche Glaube nicht mehr überzeugend. Er hat sich in den Verhältnissen der Gegenwart neu zu bewähren. Weil das Christentum in der europäischen und somit christlich beherrschten Phase der neuzeitlichen Geschichte vor den anderen Religionen einen absoluten Wahrheitsanspruch erhob, fallen auf die Kirchen der Gegenwart religiöse und ethische Beweislasten mit vermehrter Wucht zurück.

Geschichte, Glaube und Ethik der Christen auf wenig mehr als 100 Seiten darzustellen, ist ein Wagnis, dessen Kühnheit sich allein aus der kulturellen Lage rechtfertigt, in der wir leben. Geschrieben ist es in erster Linie für Leserinnen und Leser, die vom Christentum nur wenig wissen. Religionswissenschaftler beobachten in vielen Teilen der Welt eine Renaissance der Religion. Prognosen über die Herrschaft einer religionslosen Emanzipationsvernunft erweisen sich allem Anschein nach als ungenau. Die Wiederkehr der Religion hat erhebliche Folgen für Politik, Gesellschaft und Kultur.

Gegliedert ist die Darstellung in drei Teile. Der Skizze der zweitausendjährigen Geschichte des Christentums im ersten Teil folgt die Darstellung der christlichen Glaubenswelt im zweiten und der Ethik im dritten Teil. Der Verfasser hofft, auf diese Weise für größere Klarheit zu sorgen. Die Einsicht, daß die Teile ein miteinander verbundenes Ganzes sind und sich wechselseitig bedingen, sollte über der darstellungsökonomischen Trennung an keinem Punkt der Lektüre in Vergessenheit geraten. Beigefügt sind Informationen zur religiösen Weltstatistik und eine Auswahlbibliographie. Sie unterliegen dem gleichen Prinzip wie die gesamte Darstellung: der Verknappung auf das Wesentliche.

Mein herzlicher Dank gilt Frau Dr. Marla Stukenberg vom Verlag C. H. Beck sowie Frau Ute Böhme, Religionspädagogin in Leipzig, außerdem den Herren Professoren Adolf Martin Ritter (Heidelberg), Hartmut Mai (Leipzig) und Martin Petzoldt (Leipzig). Ihren kritischen Ratschlägen und Hinweisen bei der Abfassung des Manuskripts verdanke ich viel. Das Personenregister erarbeitete Frau Dr. Christiane Schulz.

Leipzig, im April 1997   *Kurt Nowak*

I. Entstehung und historische Entwicklung des Christentums

1. Religionsgeschichtlicher Hintergrund

Zu Beginn der christlichen Zeitrechnung hatte sich der Ring der römischen Herrschaft um das Mittelmeer geschlossen. Im Inneren des Vielvölkerreichs sorgte die Pax Romana für Ruhe und Frieden. Der Landtag der Provinz Kleinasien pries den Princeps Augustus-Octavian im Jahr 9 v. Chr. mit den Worten: „In seiner Erscheinung sind die Hoffnungen der Vorfahren erfüllt; er hat nicht nur die früheren Wohltäter der Menschheit sämtlich übertroffen, sondern es ist unmöglich, daß je ein Größerer käme."

Nicht alle Bewohner des Imperium Romanum stimmten in die Huldigung des kleinasiatischen Landtags ein. Roms Weltherrschaft gab keine Antwort auf Lebensrätsel wie Geburt und Tod, Vernichtung und Erlösung. Der Formalismus des römischen Religionssystems befriedigte tiefer angelegte religiöse Ansprüche nicht mehr. In der Philosophie vollzog sich damals unter dem Einfluß des griechischen Geistes eine Wende zum Persönlichen, zu einer Philosophie des Lebens. Sie verband sich mit neuen Formen des Nachdenkens über das Göttliche. Man knüpfte wieder an Platon, an Aristoteles an. Die geistige Sublimation der alten Göttergeschichten war eine Tendenz der augusteischen Epoche, eine andere der Drang nach direkter Berührung mit der Welt des Jenseits.

Gottheiten des Orients fanden bei der Bevölkerung des Römischen Reichs verstärkten Zulauf. Die orientalischen Götter machten gleichermaßen den altrömischen Naturgöttern wie den Göttern und Göttinnen des Olymps Konkurrenz. Ihre Namen waren Mithras, Magna Mater (Kybele), Isis und Sarapis, Demeter und andere. Die orientalischen Götter fanden Verehrer vor allem in Ballungsgebieten des Militärs, des Handels und der Kultur. Die Bevölkerung auf dem flachen Lande hingegen reagierte weniger aufgeschlossen. Die Christen machten mit ihrer Religion alsbald ähnliche Erfahrungen.

Der römische Staat sah wohl, daß der Zulauf zu den Mysterienreligionen einen Vertrauensschwund zu den althergebrachten Traditionen signalisierte, behielt indes seine Politik der religiösen Toleranz bei. Kultpraxis und Frömmigkeit der Mysterienreligionen beeinflußten das Christentum. In ihnen bildeten sich religiöse Strukturen, die veränderte Inhalte aufnehmen konnten. „Religio" war nicht mehr bloß die rituell richtige Kultübung. Lucius, Held der „Metamorphosen" des Apuleius, berichtete über seine Einweihung in den Isis-Kult: „Mitten in der Nacht sah ich die Sonne im hellen Licht strahlen; vor das Angesicht der oberen und unteren Götter trat ich und betete sie aus nächster Nähe an."

Seit Beginn der Kaiserzeit befand sich die Religionswelt des Imperiums in raschem Umbruch. Suchten die einen in neuartigen Kulten religiöse Gewißheit, so forschten andere nach archaischer Weisheit. Geheimschriften tauchten auf, die ihre Beglaubigung durch die angebliche Herkunft von Pythagoras, Hermes, Orpheus erhielten. Die vermeintlich uralten Papyri bestanden zumeist aus der Zusammenstellung von philosophischen Gedanken, aus Bruchstücken von Schöpfungsmythen und Produkten der religiösen Phantasie. Seinen Höhepunkt erlebte dieser spekulative Archaismus im 2. und 3. Jahrhundert.

Manche der vom Staub der Vorzeit überzogenen Schriften waren mit ihren okkulten Offenbarungsweisheiten Teil der Gnosis. Gnosis (wörtlich: Erkenntnis) ist ein Schlüsselwort von weitreichender Bedeutung für die Welt des werdenden Christentums. Die Gnosis, Religion der Erkenntnis, griff bei ihrer Ausgestaltung auf unterschiedliche Traditionen zurück: auf die jüdische Weisheitslehre und Apokalyptik, auf den iranischen Zoroastrismus, auf bestimmte Formen des griechischen Denkens. Kurz vor oder nach der Zeitenwende entstanden, konnte die Gnosis jüdischen, heidnischen und auch christlichen Charakter annehmen. Trotz ihrer Vielfalt in Schulen und Systemen besaß sie einigermaßen feste Strukturen der Mythologie, Kosmogonie und Anthropologie. Die Gnosis erhob den Anspruch, den Menschen aus der Knechtschaft des irdischen Seins zu befreien und seine Seele (bzw. seinen Geist) in die verlorene Heimat zurückzuführen: in das überirdische Reich der Freiheit und Ruhe. Die sog. „Titellose Schrift" versprach: „Diese (Vollkommenen) werden nämlich eingehen in den heiligen Ort ihres Vaters und sich erquicken in Ruhe und ewiger unaussprechlicher Herrlichkeit und in unaufhörlicher Freude. Sie sind aber als Unsterbliche im Sterblichen Könige." Bevor die Häresiologen, die christlichen Ketzerbekämpfer, unter Berufung auf die Tradition der Apostel die Gnostiker als Irrlehrer, Betrüger, Lügner und Magier brandmarkten, bestanden zwischen Teilen des frühen Christentums und der Gnosis osmotische Beziehungen. Unter den Schriften des Neuen Testaments gehört vor allem das Johannesevangelium in den gnostischen Einflußbereich.

So weit man den Blick durch das römische Weltreich schweifen lassen darf, um das nötige historische Verständnis für die Geburt des Christentums zu gewinnen: die eigentliche Ursprungsregion ist Palästina. Politisch ein römisches Klientelgebiet, war Palästina in religiöser Hinsicht autonom und von einer reichen Frömmigkeit erfüllt. Die Zergliederung des Gebietes in romabhängige jüdische Teilfürstentümer sorgte für die politische Dämpfung immer wieder aufbrechender Unruhen. Als oberste religiöse Instanz fungierten der Hohepriester und der Hohe Rat, das Synhedrium (hebraisiert: Sanhedrin). Bei den Zeitgenossen galt das Christentum zunächst als jüdische Sekte. Davon zeugt eine Notiz Suetons. Weil die Juden, so die verworrene Angabe, unter ihrem Anführer – einem gewissen Chrestus – Unruhe stifteten, warf Kaiser Claudius sie aus Rom hinaus.

Zu Lebzeiten Jesu und bei Entstehung der ersten Christengemeinden zeichnete sich unter den Juden das Ende eines langen Weges ab: die grundlegende Umgestaltung des religiösen Erbes Israels. Abgesehen von der kurzen Phase der Hasmonäerherrschaft hatte Israel nach dem Babylonischen Exil (6. Jahrhundert v. Chr.) keinen eigenen Staat mehr bilden können. Das ursprünglich zum Heerbann oder zur Kultfeier aufgerufene „Volk" hatte sich zur „Gemeinde" wandeln müssen, die um den Tempel und das Gesetz versammelt war. Organisiert war sie nach Maßgabe der Priester- oder Tempeltheokratie. Wie konnte sich Israel von den Völkern seiner Umgebung unterscheiden und in seiner Besonderheit erhalten? Die Frage gewann in der Zeitenwende an Dringlichkeit, weil die hellenistische Welt ein gewaltiger Schmelztiegel der Kulturen war. Man lebte in einer Epoche, in der die Religionen Roms, Griechenlands und des Orients einander begegneten und durchdrangen. Eine nicht unbeträchtliche Zahl von Juden wohnte im Ausland und besaß dort ihre Synagogen. Berühmt war die riesige Hauptsynagoge in Alexandria mit 71 goldenen Sitzen für die Mitglieder des Ältestenrats. Trotz der jüdischen Zerstreuung blieb Jerusalem das Zentrum. Das tägliche Gebet aller Juden, wo immer sie auch weilten, wandte sich in die Richtung des Tempels in der Davidsstadt. Ebenso stark war die Bindung an die Jerusalemer Lehrautoritäten.

Von Geschlossenheit des Judentums konnte dennoch keine Rede sein. Es gab religiöse Richtungskämpfe zwischen den nichtpriesterlichen Schriftgelehrten, den Pharisäern, und den tragenden Kräften des palästinensischen Tempelstaates, den Sadduzäern. Hinzu kamen die Zeloten („Eiferer"). Nach ihrer Auffassung duldete Gottes Königtum keine andere Herrschaft über Israel. Sie waren bereit zum Kampf gegen Rom. Noch während der Belagerung Jerusalems durch Titus (70 n. Chr.) beantworteten die Zeloten die Aufforderung zur Kapitulation mit der Botschaft von der Weltherrschaft ihres Gottes. Nochmals andere Akzente setzte das hellenistische Judentum durch seinen bedeutendsten Prediger und Lehrer: Philo von Alexandria. Philo, der den Kreisen der jüdisch-alexandrinischen Finanzaristokratie entstammte, befand sich im engen geistigen Kontakt mit den Gebildeten seiner Zeit. Er stellte der heidnischen Welt Moses und die Erzväter als Urbilder der wahren Weisheit dar und nannte die hebräische Bibel die Schatzkammer der Menschheit. Ein wiederum anderes religiöses Klima herrschte in Qumran. Die Qumrangemeinde nannte sich u. a. „die Umkehrenden Israels". Hervorgegangen war ihre Siedlung am Toten Meer wahrscheinlich aus der Aufspaltung der

Chassidim („Frommen") im zweiten Jahrhundert v. Chr. Zwischen dem „Lehrer der Gerechtigkeit", der in den Schriften von Qumran immer wieder erwähnt wird, und Jesus Christus glauben manche Forscher eine geistige Verwandtschaft zu entdecken.

Die christliche Zeitenwende fand innerhalb eines höchst vielgestaltigen Judentums statt. In ihm gab es den strengsten Eifer für das Gesetz der Väter ebenso wie den liberalen Umgang mit der Tora. Das religiöse Exklusivitätsbewußtsein mancher jüdischer Kreise stand in Spannung zu der Überzeugung hellenistischer Juden von der weltweiten Sendung Israels unter dem Vorzeichen eines philosophisch geläuterten Gottesglaubens. Politisches Rebellentum verband sich mit apokalyptischen Hoffnungen auf den Sieg über alle Feinde des Gottes Israels. All dies waren Formen religiöser Daseinsorientierung in bewegter Zeit. Im Brief des Paulus an die Galater steht: „Als die Fülle der Zeit kam, sandte Gott seinen Sohn" (4, 4). Der Briefschreiber sprach damit die Stimmungslage einer ganzen Epoche an: die Ahnung einer neuen Zeit, die sich von aller bisherigen Geschichte unterscheiden werde.

2. Jesus von Nazareth

Wer war Jesus von Nazareth? Ist seine Existenz historisch überhaupt verbürgt? Rudolf Bultmann, einer der einflußreichsten protestantischen Theologen unseres Jahrhunderts, hielt die Frage nach dem historischen Jesu für wenig interessant. Er machte aus der Not der spärlichen historischen Spuren die Tugend der Bezeugung Jesu im Glauben der Gemeinde. Bultmann meinte: „Seine Herkunft ist aus der Ewigkeit, sein Ursprung ist kein menschlich-natürlicher."

Historisch wissen wir über Jesus wenig genug, jedoch mehr als über Persönlichkeiten der Antike in vergleichbaren Lebensverhältnissen. Als Geburtsort Jesu wird teils Bethlehem, teils Nazareth genannt. Wahrscheinlicher ist Nazareth. Die Abkunft vom Stamm David erscheint als möglich, bedeutet aber nicht automatisch privilegierten Geburtsstatus oder gar Bestimmung zum Messias. Die Eltern waren Joseph, von Beruf Schreiner, und Maria (hebräisch: Mirjam). Der Name Jesus, damals sehr beliebt, ist abgeleitet von Josua, dem Nachfolger des Moses. Jesus hatte vier Brüder und – mindestens – zwei Schwestern. Die Nachrichten über Jesu Kindheit besitzen nur geringen historischen Wert. Wir haben fromm-volkstümliche Erzählungen vor uns. Ein wenig fester wird der Boden der Überlieferung beim öffentlichen Wirken Jesu. Die Eckdaten sind hier die Taufe durch Johannes im Jordan und die Kreuzigung durch Pontius Pilatus. Pilatus war Günstling des Seianus und von 26 bis 36 n. Chr. Präfekt der Provinz Judäa mit Sitz in Caesarea. Jesu öffentliche Wirksamkeit währte kaum länger als zwei bis drei Jahre, ungefähr vom Jahr 28 bis zum Jahr 30 n. Chr. Bei seiner Hinrichtung wird Jesus etwa dreißig Jahre alt gewesen sein.

Jesu Wirkungsgebiet lag im Norden und Nordwesten des Sees Genezareth. Nichtjüdisches Territorium hat er nie betreten, hellenistische Städte gemieden. Die Nachricht, daß er und der Kernkreis seiner Anhänger, die zwölf Jünger, heimat- und besitzlos waren, wird eingeschränkt durch die Überlegung, daß sie eine örtliche Anbindung an ihre Heimatregion besaßen. Die Bekundung im Johannesevangelium „Ich habe allezeit in den Synagogen und im Tempel gelehrt" (18, 20), ist nicht sicher belegt. Jesus lehrte wohl vorwiegend im Freien und in Privathäusern.

Die Ergebnisse der jüngsten Forschungen über das Leben Jesu sind widerspruchsvoll. Je nach Beleuchtung des jüdischen Hintergrundes kann Jesus als Prophet der letzten Dinge erscheinen, als politischer Revolutionär, charismatischer Wanderprediger, kynischer Philosoph, als Magier, als Rabbi aus Galiläa und anderes mehr. Das hängt mit der komplizierten Überlieferung zusammen, aber auch mit der Einzeichnung eigener Interessen in das Bild Jesu. Im Mittelpunkt der Verkündigung Jesu und seiner oft symbolischen Handlungen stand die nahe herbeigekommene, ja sogar schon angebrochene Gottesherrschaft. Sich selbst hat Jesus in die Gottesherrschaft auf mancherlei Art eingeordnet. So betrachtete er sich als Garanten der Heilswende. „Ich sah Satan wie einen Blitz aus dem Himmel stürzen" (Lukas 10, 18). Durch die Austreibung von Dämonen, durch Krankenheilungen und die Auferweckung von Toten machte Jesus sich zum Repräsentanten von Gottes Macht. Auch als Künder der Unvereinbarkeit von Altem und Neuem, an dem sich die Geister im Sinne eines göttlichen Urteils schieden, verstand er sich. „Niemand füllt neuen Wein in alte Schläuche" (Markus 2, 22). Der Himmelssturz Satans und Jesu Wirken bilden den Anfang der Gottesherrschaft. Zwischen ihrem Beginn und ihrer Vollendung verkündigte Jesus einen unlöslichen Zusammenhang. Daraus ergab sich die Dringlichkeit seines Rufs, der Glaubensferne und Gottesleere durch Eintritt in die Gottesherrschaft zu entrinnen.

Von Jesu letzten Tagen in Jerusalem und seiner Kreuzigung besitzen wir als Quelle allein die Evangelien. Die jüdische Überlieferung bleibt stumm, ebenso die römische. Warum bereiteten die jüdischen Gegner Jesu – „die Juden" ist eine unzulässige Verallgemeinerung – eine Anklage vor? Warum führten sie ein Verhör durch und meinten, er müsse zum Tode verurteilt werden? Die Antworten auf diese Fragen bleiben zum Teil Vermutung. Wahrscheinlich bezogen sich die Anschuldigungen nicht auf einen einzelnen, festumrissenen Tatbestand. Rechtsgeschichtlich wirft die Angabe, das Verhör Jesu und der Zeugen sei im Haus des Hohepriesters und vor dem Synhedrium, der obersten einheimischen Behörde Judäas mit Zuständigkeit in Religions-, Rechts- und Verwaltungsfragen, durchgeführt worden, Probleme auf. Im Haus des Hohepriesters durften Sitzungen des Synhedriums nicht stattfinden. Der Evangelist Markus berichtet: „Der Hohepriester und das ganze Synhedrium suchten nach Zeugenaussagen über Jesus, um ihn hinrichten zu lassen, fanden aber keine" (14, 55). Dieser Satz wie auch weitere Überlieferungsstücke unterstellen, die obersten religiösen Instanzen der Juden hätten die Blutgerichtsbarkeit ausüben dürfen. Tatsächlich war das nicht der Fall. Allein die Römer waren dazu berechtigt. Insofern konnte es sich nur um eine Anklagevorbereitung handeln. Rechtsgeschichtlich einsichtig ist dann wiederum die Anklage Jesu durch die jüdischen Autoritäten vor dem römischen Präfekten. Zu großen jüdischen Festen kam Pontius Pilatus aus seiner Residenz Caesarea nach Jerusalem und regelte dabei auch Rechtsangelegenheiten. Der Ort, an dem das geschah, war der Palast des Herodes in der Weststadt von Jerusalem. Da Jesus von Pilatus zum Tode durch Kreuzigung verurteilt wurde, dürfte sich das Todesurteil auf den Tatbestand des politischen Aufruhrs (seditio) gestützt haben. Bestimmte Kreise der jüdischen Führungsschicht, auf eine Politik des Ausgleichs mit Rom und auf einen konservativen religiösen Kurs bedacht, konnten kein Beunruhigungspotential gebrauchen. Umgekehrt wollte Pilatus nicht die Wahrheitsfrage stellen, d.h. die Sache der Substanz nach entscheiden. Er folgte dem jüdischen Drängen. Im übrigen mochte das Stichwort „Gottesherrschaft" in politischer Sicht durchaus verfänglich anmuten. Gottes Herrschaft schloß das Gericht über den politischen Weltzustand ein.

Der Hinrichtungsplatz „Golgotha" ist nur im Neuen Testament genannt, ein freiliegender Einzelhügel nördlich von Jerusalem. Die vorausgehende Auspeitschung und das Tragen des Kreuzbalkens durch den Verurteilten ist auch anderweitig bezeugt. Der am Kreuz angebrachte titulus „Rex Iudaeorum" läßt sich historisch gut erklären. Aus römischer Sicht war er allerdings nicht mit der kultischen Bedeutung versehen, welche die christliche Überlieferung ihm dann gab. Johanneische Sonderüberlieferung ist das Brechen der Beine bei den Mitgekreuzigten und der Lanzenstich in den Körper Jesu. Nach biblischer Überlieferung gab Pilatus den Leichnam wegen des Passafestes schneller frei als sonst üblich. Nach jüdischem Brauch galt es an Festtagen als besonders anstößig, einen Toten nicht vor Sonnenuntergang zu bestatten. Ein frommer Jude, Joseph von Arimathaia, soll sich um die Beerdigung gekümmert haben.

Der Ur-Sprung des Christentums war die Verarbeitung von Jesu Tod und seines Wirkens als Geschichte eines Lebenden. Seine Anhänger sahen in Jesus den zu den Menschen gekommenen, gekreuzigten und auferstandenen Sohn Gottes. Die Botschaft von dem am dritten Tage Auferstandenen begründete den Glauben der Christen. Die ältesten Verkündigungsformeln im Neuen Testament sind Sätze der Auferweckung, schmucklos und knapp. Die erzählerische Ausgestaltung der Szenen am leeren Grab erfolgte erst später. Mit historischen Argumenten oder mit Erklärungen aus dem Fundus der Religionsgeschichte wird man den Vorgang der christlichen Glaubensgründung nicht einholen können, ohne daß man ihn – wie bei anderen Religionen auch – hoffnungslos unterbietet. Je näher man an die Ereignisse heranzutreten versucht, je nüchterner man sie rekonstruiert, desto intensiver legt sich der Eindruck des heiligen Rätsels nahe.

Visionäre Begegnungen mit dem Auferstandenen, welche Petrus, der „Herrenbruder" Jakobus und weitere Jünger erlebten, weckten die Erwartung, der „Menschensohn" werde alsbald in den Wolken des Himmels wiederkehren (Matthäus 24, 30). Diese apokalyptische Naherwartung mußte relativ schnell fallengelassen werden. Über den engsten Kreis der Jesusanhänger hinaus, zu denen auch eine Anzahl von Frauen gehörte, schlug der neue Glaube Wurzeln zuerst in verschiedenen Gruppen des Judentums in der Davidsstadt, in Judäa und Galiläa. Von Vorteil bei der Verbreitung der Jesusbotschaft waren die im Judentum vorgezeichneten Bahnen. John Dominic Crossan, amerikanischer Bibelwissenschaftler, versteht die Entwicklung bis zum Ende des ersten Jahrhunderts n. Chr. als Auszweigung von zwei großen Religionen: des rabbinischen Judentums und des frühen Christentums. Beide gingen aus derselben Matrix hervor, und beide stellten eine „großartige Fortsetzung des Judentums aus der Vergangenheit in die Zukunft" dar. Im frühen Christentum setzte sich der historische Jesus in einem theologisch gedeuteten Christus fort. Der „vorösterliche" Jesus und der „nachösterliche" Christus bedingten einander. Indes, erst der theologische Christus öffnete jene Dimensionen, die in die Weite und Tiefe einer über den palästinensischen Raum hinausstrebenden Weltreligion weisen. Der Weg führte vom bäuerlichen Boden in die Städte, aus der palästinensischen Ursprungsregion zum Auslandsjudentum und in die gesamte Welt des Imperium Romanum. Besondere Empfänglichkeit zeigten das liberale Diasporajudentum und die sog. Proselyten: zum Judentum übergetretene Heiden. Sodann stellten die „Gottesfürchtigen" einen aufnahmebereiten Resonanzboden dar, fromme Heiden im Umkreis der Synagogen, doch nicht Mitglieder der jüdischen Kultusgemeinde. Von einem dieser „Gottesfürchtigen", dem Centurio Cornelius, berichtet die Apostelgeschichte (10, 1 ff.).

Erste missionarische Erfolge außerhalb Palästinas erzielten aus der Davidsstadt vertriebene „Hellenisten": griechisch sprechende jüdische Christusbekenner. Vorausgegangen war die Steinigung ihres Leiters Stephanus durch Juden, die in dem neuen Glauben eine Gotteslästerung sahen (Apostelgeschichte 7, 54–59). Anlaufpunkte boten den Vertriebenen die Insel Zypern, Westsyriens Metropole Antiochia und die Hauptstadt Rom. Das urbane Antiochia wurde schnell zu einem Brennpunkt der weiteren Entwicklung. In Antiochia kam auch die Bezeichnung „Christianoi" für die Anhänger des neuen Glaubens auf (Apostelgeschichte 11, 26). Der wahrscheinlich am Stephanus-Pogrom beteiligte Pharisäer Saulus, ein Diasporajude aus dem kleinasiatischen Tarsus, wandte sich nach seiner dramatischen Bekehrung – etwa 32/35 n. Chr. – nach Antiochia und stellte sich der Mission in der heidnischen Welt zur Verfügung. Unter seinem neuen Namen Paulus (der „Kleine", „Geringe", „Niedrige") entwickelte sich der einstige Pharisäer zum wichtigsten Apostel der Frühzeit und zum scharfsinnigsten Theologen der ersten Generation.

Der Übergang der Christusbotschaft aus dem religiösen Milieu des Judentums ins Heidentum war von welthistorischer Bedeutung. Paulus begründete die Abkoppelung jüdischer Elemente (Beschneidung und Gesetz) von der Christusbotschaft, hielt aber an Israels besonderer Erwählung zum Heil fest. Er stärkte mit seiner Theologie die in verschiedenen Gebieten bereits erfolgreiche Heidenmission und bahnte der Religion neue Wege. Paulus unternahm drei große Missionsreisen und stieß dabei bis in die westliche Reichshälfte vor. Er sah seine Ehre darin, „die Heilsbotschaft nicht nur dort zu verkündigen, wo der Name Christi schon bekannt ist" (Römer 15, 20). Anfänglich herrschten zwischen christusgläubigen Juden und Heidenchristen erhebliche Spannungen. Auf einem „Apostelkonzil", das wahrscheinlich auf 48/49 n. Chr. zu datieren ist, fand ein Ausgleich der Gegensätze statt. Die „ekklesia" zerbrach nicht. „Ekklesia", im politischen Sprachgebrauch die Versammlung der stimmberechtigten Bürger, meinte nach christlichem Verständnis die Gesamtheit der Gläubigen, die Jesus als Erlöser und Herrn anerkannten. Die Bejahung der gesetzesfreien Heidenmission, mithin eines nicht an die jüdischen Zeremonialvorschriften gebundenen Christentums, war der kompromißbereiten Haltung des Apostels Petrus, des Leiters der Gemeinde in Jerusalem, zu verdanken. Über seine Motive legte er vor der Gemeinde Rechenschaft ab (Apostelgeschichte 11, 1–18). Gegen Ende seines Lebens war Petrus in Rom. Über die Zeit und die Umstände seines Todes in der Reichshauptstadt wissen wir – trotz der Ausgrabungen unter dem Petersdom – nichts Sicheres.

Schneller als von den Beteiligten möglicherweise erwartet, fiel dem heidnischen Typ des Christentums die Führung zu. Die Kirche löste sich von der Synagoge. Zweifellos trugen der Fall Jerusalems und die Zerstörung des Tempels 70 n. Chr. durch die Legionen des Titus dazu bei, die Stellung der christusgläubigen Juden zu schwächen. In Jerusalem waren sie als religiöse Sondergemeinschaft weithin ausgegrenzt. Während des jüdischen Aufstands gegen die römische Fremdherrschaft wichen sie ins Ostjordanland aus. Bei einigermaßen reicher Blüte zwischen 70 und 135 n. Chr. gerieten sie dort weiter in die Isolation und öffneten sich häretischen Anschauungen. Der zeit- und ortsnahe Justin der Märtyrer († 165) war kaum noch in der Lage, Genaues über sie zu berichten.

3. Ausbreitung und Aufstieg des Christentums in der antiken Welt

Die Ausbreitung des neuen Glaubens ist die Geschichte der Christianisierung der antiken Welt. Umgekehrt ist sie die Geschichte der Hellenisierung und Romanisierung des Christentums. Sprachgeographisch und kulturgeschichtlich wurde die neue Religion durch den Dualismus der griechischen und lateinischen Reichshälfte mitgeprägt, außerdem durch den syrischen Sprachkreis. Die spätere Trennung zwischen Ost- und Westkirche war im kulturellen Unterboden des Imperiums schon vorgezeichnet. In der Aufstiegsphase des Christentums dominierte das Koinè-Griechisch, die lingua franca der antiken Welt. Die lateinische Sprache kam erst allmählich hinzu. Die Schriften des Neuen Testaments sind alle in Koinè abgefaßt. Der erste bedeutende Kirchenschriftsteller lateinischer Sprache war Tertullian von Karthago († nach 220), als Stilist glänzend, als Theologe begriffsbildend und als Christ von glühendem Eifer beseelt – einem Eifer, der ihn aus der Bahn des regulären Kirchenchristentums hinaustrug. Der Glaube der Christen wuchs schnell zu einem Gebilde von hoher theologischer Komplexität. Folgt man dem berühmten Kirchenhistoriker Adolf von Harnack, besaß keine andere Weltreligion so viel Kraft der Assimilation und kulturellen Verwandlung wie das Christentum. Die frühen Denker und Schriftsteller des Christentums – der Begriff Christentum (griechisch: Christianismos) ist seit etwa 110 n. Chr. vorhanden – stießen die Tore der Ekklesia weit für die Philosophie auf, um die Botschaft vom Gekreuzigten und Auferstandenen als Lösung aller existentiellen Nöte und kosmischen Rätsel darzustellen. Einig in der Wertschätzung der Philosophie, der heidnischen Kulturgüter überhaupt, waren sich die Christen allerdings nicht. Tatian aus Mesopotamien triefte vor Verachtung gegen die griechischen Philosophen. „Labyrinthen gleichen die Stapel eurer Bücher, deren Leser aber dem Faß der Danaiden." Ganz anders sein Lehrer, Justin der Märtyrer, der auch als Christ den Philosophenmantel nicht ablegte. „Daß ich als Christ erfunden werden möchte, darum, so bekenne ich, bete und ringe ich aus aller meiner Macht, nicht weil die Lehren Platons denjenigen Christi völlig fremd sind, wohl aber deshalb, weil sie nicht in allem an sie heranreichen; desgleichen die der anderen: der Stoiker, der Dichter und Geschichtsschreiber." Tertullian lehrte die christliche Naturanlage der menschlichen Seele: „anima naturaliter christiana". In Alexandria, der durch Reichtum, Bildung und Internationalität glänzenden Stadt, stellte Clemens Alexandrinus († nach 215) das Christentum als Lehre von der Schöpfung, Erziehung und Vollendung des Menschengeschlechts durch den Logos dar. Gemäß den Worten des Johannesevangeliums sei Jesus Christus der Logos. Der bedeutendste Gelehrte des frühen Christentums, Origenes, der zunächst ebenfalls in Alexandria und später im palästinensischen Caesarea wirkte († 254/55), gliederte den Kosmos unter dem Gegensatz von Gott und dem Geschaffenen. Das Geschaffene wiederum zerlegte sich in die Welt der Ideen und der materiellen Erscheinungen. Die geistige Welt gehörte als Entfaltung Gottes zu seinem Wesen, stand aber als geschaffene Welt unter Gott. In dieser Doppelstellung des Geistigen ruhte im System des Origenes auch der aus „ewiger Zeugung" des Vaters hervorgegangene Logos.

Den frühzeitig prächtigen Bau christlicher Theologie als Abirrung von der Schlichtheit des Ursprungs anzusehen, führt in eine Sackgasse. Das Christentum war zu keiner Zeit eine geistig anspruchslose Religion. Es fußte auf dem Reichtum jüdischer Theologie und stand im Geben und Nehmen im Austausch mit der zeitgenössischen Kultur. Eine Art Gegenströmung bildete die Volksfrömmigkeit. Von ihr zeugen vor allem die apokryphen Schriften. In ihnen wird beispielsweise von Wundertaten des Kleinkindes Jesus berichtet, von seltsamen Abenteuern der Apostel, von Dämonen, frommen Tieren und anderem mehr. Das christliche Volk betrachtete das „Herrenmahl" als Medizin der Unsterblichkeit, und mancher volksnahe Kirchenführer folgte ihm darin. Klare Trennlinien zwischen Hochreligion und Volksfrömmigkeit waren kaum zu ziehen. Denn das Christentum nahm nicht nur die Philosophie der alten Welt in sich auf, sondern sog auch viel von ihren Kulten und Mythen ein. In den christlichen Riten und Vorstellungen sind Parallelen zu nichtchristlichen Religionen überall mit Händen zu greifen. Gleiche Symbole konnten unter den Christen, je nach religiöser Sozialisation und Bildungsgrad, Unterschiedliches meinen, etwa das aus vorchristlicher Zeit stammende Fisch-Symbol. Hinter dem Akronym Fisch (griechisch: Ichthys) stand die Botschaft „[I]esous [Ch]ristos [Th]eou [Y]ios [S]oter" (= Jesus Christus, Gottes Sohn [unser] Heiland). Dieses und andere Symbole – Anker, Palme, Pelikan, Pfau – konnten aber auch in Amulettform dem Schutz vor bösen Geistern dienen.

Ungefähr um 200 n. Chr. schrieb ein Christ dem gebildeten Heiden Diognet einen von Genugtuung erfüllten Brief: „Um es einfach zu sagen: Was für den Körper die Seele ist, das sind in der Welt die Christen." Die bildliche Redeweise suggerierte, die Christen hätten die bewohnte Welt schon völlig durchdrungen. „Wie die Seele über alle Glieder des Körpers verstreut ist, so auch die Christen in den Städten der Welt." Der unbekannte Christ übertrieb, doch völlig unrecht hatte er nicht. Ob man in den Osten des Imperiums blickte, also nach Kleinasien, Syrien, Mesopotamien, ob in die Mitte nach Thrakien, Mösien, Makedonien, Dalmatien, Italien, ob in den Süden nach Ägypten, Africa proconsularis, Numidien oder in den Westen nach Gallien und Spanien – überall war das Christentum entweder in Spurenelementen oder schon in größeren Gemeinden vorhanden. Die stärkste Ausstrahlungskraft in den frühen Zeiten besaßen die Gemeinden in Kleinasien. Großstädtische Ballungszentren waren Alexandria, Rom, Karthago und Antiochia.

Der Brief des christlichen Anonymus an Diognet spiegelte eine bestimmte Phase der christlichen Mission wider. Die Jahre um 200 markieren einen ersten Erfolgsgipfel des Christentums. Vorher hatte sich der christliche Bekehrungseifer vielfach am harten Gestein der Realitäten gebrochen; der Christenglaube stand in der Gefahr, im eigenen religiösen Getto zu zirkulieren. Einen zweiten Erfolgsgipfel verzeichnete man in den Jahren nach 260. Der christliche Glaube schlug in die Breite der Gesellschaft durch. In der Ausbreitung war teils stillschweigend, teils mit guten theologischen Gründen eine lange Dauer der Welt und der Kirche vorausgesetzt. Die ursprüngliche Naherwartung der Christen hatte sich im 3. Jahrhundert in die Geduld des Bleibens verwandelt.

Die Botschaft der Sündenvergebung, die Hoffnung auf ein Weiterleben nach dem Tode und die Aussichten auf Heilung von Krankheiten besaßen erhebliche Anziehungskraft. So mancher soeben noch fromme Heide glaubte als Christ im Evangelium eine Art von Asklepeion zu finden. Bestechend auf dem sonstigen Hintergrund sozialer Achtlosigkeit nahm sich die Fürsorge für Arme, Kranke und Alleinstehende aus. Überdies hatte das Christentum kirchenorganisatorisch in historisch bemerkenswert kurzen Zeiträumen gewaltige Fortschritte gemacht. Wies die älteste Kirche noch eine Vielfalt struktureller Ansätze auf, so war der Schritt zur Großkirche mit dem Aufkommen des Presbyter-, alsbald auch des Bischofsamtes in der Form des sog. monarchischen Episkopats getan. In den Anfängen nur für eine Gemeinde eingesetzt und bevollmächtigt, wurden die Bischöfe alsbald die Leiter von Gebietskirchen. Ein weiterer Schritt bestand in der Schaffung von Metropolitanverbänden. Nicht immer war die disziplinarische Gewalt der Bischöfe bereits eindeutig umschrieben. Fest stand aber, daß sie als Träger der apostolischen Nachfolge anzusehen waren, welche die Weihe- und Lehrgewalt innehatten und die christliche Tradition ihres Gebietes verkörperten. Vom Amt des Bischofs her ordneten sich die weiteren Ämter in der Kirche. Indem die Bischöfe die kirchlichen Strukturen festigten, gestaltete sich auch die Durchdringung der heidnischen Umgebung mit dem christlichen Glauben zielstrebiger.

Wohlwollen schlug den Christen nicht überall entgegen. Im Gegenteil, neben den christianisierten Heiden, Sympathisanten und Indifferenten gab es Spötter und Feinde in Fülle. Gegnerschaft aus Unwissenheit und wegen sozialer Interessenkonflikte war vor allem in den unteren Volksschichten verbreitet. Hier kursierten abenteuerliche Gerüchte über das angeblich inzestuöse Geschlechtsleben der Christen, über ihren vermeintlichen Kannibalismus und ihre Verachtung der Götter. Soziale Konflikte kamen auf, wenn die wachsende Zahl der Christen in den Städten und Ortschaften das Ansehen der heidnischen Priester schädigte und den Devotionalien- und Opferfleischhändlern das Geschäft verdarb.

Unter den Gebildeten ragte als erster großer literarischer Christengegner der Lehrer des späteren Kaisers Marc Aurel, M. Cornelius Fronto, heraus. „Aus der untersten Hefe des Volkes sammeln sich da die Ungebildeten und leichtgläubigen Weiber", behauptete er, „eine obskure, lichtscheue Gesellschaft, stumm in der Öffentlichkeit, dafür geschwätzig in den Winkeln." Gehaltvoller als Frontos Angriff war eine Kampfschrift des mittelplatonischen Philosophen Kelsos. Kelsos warf den Christen vor, ihr Dogma sei jüdischen, mithin „barbarischen" Ursprungs, und ihre Ethik sei durch und durch „banal". Jedenfalls enthalte sie nichts, was einen gebildeten Griechen beeindrucke. Kein Geringerer als Origenes sah sich zu einer langen und sorgfältigen Widerlegung des Kelsos herausgefordert. Ungefähr einhundert Jahre später veröffentlichte der Philosoph Porphyrius sein Werk „Gegen die Christen". Sein Urteil lautete: eine isolierte, ausweglose Lehre.

Was die römischen Behörden angeht, so nahmen sie erstmals zu Beginn des 2. Jahrhunderts nähere Notiz vom Christentum. Den Anlaß gaben Anzeigen aus der Bevölkerung beim Statthalter von Bithynien, Plinius d. J. Auf den Christen lag der Vorwurf, die Götter zu verachten, die öffentliche Ordnung zu stören und die Autorität des Kaisers auszuhöhlen. Der Vorgang erschien bedeutsam genug, um Kaiser Trajan (98–117) zu einem Reskript zu veranlassen. Das Schreiben aus der kaiserlichen Staatskanzlei hielt an den Prinzipien religiöser Toleranz fest – die Christen seien nicht eigens aufzuspüren –, sah aber bei erwiesenem Christsein Bestrafung vor. Die Möglichkeit tätiger Reue war eingeräumt. In diesem Fall ging der Beklagte straffrei aus. Offenbar hatte das Imperium kein Interesse an einer Verfolgung, was jedoch örtliche Pogrome und die Hinrichtung einzelner Lehrer und Amtsträger nicht ausschloß. Einen Riegel gegen die christliche Mission versuchte in den Jahren 202/203 Kaiser Septimius Severus vorzuschieben. Er stellte Übertritte zum Judentum und Christentum unter Strafe. In Afrika ging der Proconsul Scapula während der Regierungszeit Caracallas (211–217) gegen die Christen mit Hinrichtungen vor. Allerdings hatte der Proconsul es mit den Montanisten zu tun, einer apokalyptischen Sekte. Diese radikalen Christen provozierten die römischen Behörden und mißachteten die sonst im Christentum übliche politische Loyalität. Einige Kaiser hegten sogar Sympathien für den Glauben der Christen.

Die Zeit von der Mitte des dritten Jahrhunderts bis zur religionspolitischen Wende unter Kaiser Konstantin dem Großen (306–337) war gekennzeichnet durch drei reichsweite Verfolgungswellen und eine zwischen der zweiten und dritten Verfolgungswelle eingelagerte Zeit der Ruhe. Urheber der ersten Verfolgungswelle war Kaiser Decius (249–251), ein altkonservativer Herrscher, der mit straffer Hand an der Wiederherstellung des zerrütteten Staates arbeitete. Die Rückkehr zur Religion der Vorfahren erschien ihm als unabdingbar. Die von den Behörden vorgeschriebenen und von Spezialkommissionen überwachten Opferzeremonien brachten die Christen in einen unlösbaren Konflikt. Sie waren nicht Gegner des Staates, jedoch nicht gewillt, vor den heidnischen Gottheiten und dem gottgleichen Kaiser die supplicatio zu vollziehen. Bei der decischen Verfolgung hielt sich der Blutzoll der Christen in Grenzen, weil die reichsweite Opferaktion bereits 250 abebbte und die Behörden den Christen manche Hintertüren offenließen. Kaiser Valerian erneuerte 257/58 die Verfolgung unter strafferen Bedingungen. Es gab Versammlungsverbote, Verbannung und Güterkonfiskation. Christliche Senatoren verloren Rang und Vermögen. Über Cyprian, den Bischof von Karthago, erging 258 das Urteil: „Seit langem hast du das Leben eines Hochverräters geführt und mit zahlreichen anderen eine dunkle Verschwörung angezettelt. Du bist ein erklärter Feind der Götter und des römischen Staates." Der Bischof starb durch Enthauptung.

Die dritte Verfolgungswelle entrollte sich in den Anfängen des spätantiken Staates. Kaiser Diocletian (284–305) leitete ein Reformwerk ein, das auf der Teilung der Herrschaft unter zwei Augusti und zwei Caesares (Tetrarchie) beruhte, außerdem auf der Schaffung von kleineren Verwaltungseinheiten (Provinzen), auf einer Steuer- und Münzreform und auf Preisregulierungen. Eine neue Ordnung von Staat und Gesellschaft zeichnete sich ab. Zu ihr gehörte auch eine religiöse Kursänderung.

Der Reformwille zielte auf die Regeneratio imperii durch Stärkung der alten Religion, sei es doch „das größte Verbrechen zu widerrufen, was einmal von den Alten festgesetzt und bestimmt worden ist". So bekundete es Diocletian schon im Jahr 297. Die unmittelbare Urheberschaft der „diocletianischen Verfolgung" von 303–305 gibt zu zahlreichen Deutungen Anlaß. Im Osten des Reiches verlief die Verfolgung blutig, ebenso in Italien, Spanien und Nordafrika. In Gallien blieb es bei Kirchenzerstörungen. Das Toleranzedikt des Kaisers Galerius von 311 war bereits der Vorläufer eines religionspolitischen Programmwechsels. Bei der historischen Wende vom heidnischen zum christlichen Reich sprach im übrigen das Kriegsglück mit. 312 vernichtete Konstantin seinen Machtrivalen Maxentius in der Schlacht an der Milvischen Brücke vor den Toren Roms, 324 seinen Schwager und zeitweiligen Bundesgenossen Licinius bei Chrysopolis: entscheidende Waffengänge auf dem Weg des Christenfreundes Konstantin zur Alleinherrschaft. Konstantins Waffentaten sollen der christlichen Überlieferung zufolge von wundersamen Zeichen begleitet gewesen sein: dem Lichtkreuz am Himmel vor der Schlacht an der Milvischen Brücke und der Inschrift „Toutò nika" („In diesem [Zeichen] siege!"), sowie einem nächtlichen Licht, das Konstantins Heer bei der Belagerung des Licinius vor Byzanz umgab. Seit Konstantin bestieg nur noch ein einziges Mal und nur für kurze Zeit ein heidnischer Herrscher den Thron, nämlich der als Christ erzogene, doch zum Verehrer des Sonnengottes und der Magna Mater gewandelte Kaiser Julian (361–363).

Das Christentum erlebte seit 312/313 seinen Aufstieg zur staatstragenden Religion. Die Grundlagen schuf Kaiser Konstantin. Bischof Euseb, sein Biograph, wurde nicht müde, den Kaiser als „Freund" von Gottes Logos zu preisen, der die Menschen dem Reich Gottes zuführe. Der Kaiser sorgte für die Rückgabe kirchlichen Eigentums, befreite die Kirche von staatlichen Abgaben, verfügte die Gleichstellung der Geistlichen mit den Staatsbeamten und griff in innerkirchliche Auseinandersetzungen ein, um die rechtgläubige Mehrheit zu stützen. Das erste ökumenische Kirchenkonzil 325 in Nizäa fand im kaiserlichen Palast statt. Der Kaiser nahm aktiv Einfluß auf das Dogma von 325, die Feststellung der Wesenseinheit von Gottvater und Sohn. Christliche Soldaten und Beamte entband Konstantin vom Opferzwang. Er führte die Sonntagsruhe ein und betätigte sich als Stifter und Kirchenbauherr. In Rom errichtete Konstantin die Basilika über dem Petrusgrab und stellte dem Bischof von Rom den kaiserlichen Lateranpalast zur Verfügung. In Jerusalem erbauten die Architekten des Kaisers die Grabeskirche, in Bethlehem die Geburtskirche Jesu, auf dem Ölberg die Himmelfahrtskirche. Sitze von Bischöfen und Patriarchen ließ der Kaiser durch Repräsentativbauten aufwerten. Schwerpunkt der kaiserlichen Bautätigkeit war Byzanz, seit 330 Kaiserstadt unter dem neuen Namen Konstantinopel (heute Istanbul). Hier errichtete Konstantin die „Nea Rhome", das neue Rom. Die Stadt am Bosporus wurde neues Zentrum des Reichs: eine Metropole, in der das Heidentum gleichberechtigt war, doch sukzessive Einfluß- und Bedeutungsverluste hinnehmen mußte. Sehr wahrscheinlich wurde auch schon die „Hagia Sophia" (Erstbau) in Angriff genommen. Kaum weniger aufwendig war der Bau der Apostelkirche, in der sich der Kaiser – 337 auf dem Sterbebett getauft – beisetzen ließ.

Konstantins Politik zugunsten der Kirche ist machtstrategisch und kulturpolitisch erklärbar. Urteile über seine persönliche Religiosität schwanken zwischen Extremen: ein wahrhaft frommer Kaiser (Euseb von Caesarea), ein kalter Zyniker der Macht (Jacob Burckhardt). Doch nicht die Frage: War der

Kaiser Christ? ist historisch entscheidend. Ausschlaggebend war die von Konstantin und seinen Nachfolgern praktizierte Politik. Die Söhne des Kaisers folgten der vorgezeichneten Bahn. Sie griffen schärfer in die heidnische Religionswelt hinein als ihr Vater, nahmen aber mancherlei Rücksichten. Immerhin, Kaiser Konstantius II. (337–361) ließ magische Praktiken in seiner Umgebung als Majestätsverbrechen ahnden. Einen ersten Abschluß der mit Konstantin dem Großen begonnenen Politik bildete das Edikt „Cunctos populos" Kaiser Theodosius' des Großen von 380. Den christlichen Untertanen war geboten, jener Religion zu folgen, die in ungebrochener Tradition auf Petrus zurückging. Damit sprach der Kaiser eine Absage an die christlichen „Häretiker" aus. Das Prinzip des Zwangs zur „Orthodoxie" war gesetzlich angebahnt, Reichskirche und Konfessionsstaat geboren.

Das Heidentum starb trotz seiner oft klugen Gegenwehr einen langen Tod. Was nützte es, daß der römische Stadtpräfekt und Oberpriester noch 357 einen Tempel des Apollo hatte weihen können, oder wenn ein anderer Stadtpräfekt energisch die Verbreitung des klassischen literarischen Erbes förderte? Der Zerstörung des Serapeums in Alexandria 392 durch christliche Tempelstürmer traten weder Staat noch Kirche entgegen. Den Polytheisten oder „pagani", wie man sie seit dem Ende des 4. Jahrhunderts herabsetzend nannte, blieb ein religiöser Boden so lange erhalten, wie ein Teil der Christen in gespaltener religiöser Loyalität lebte. Sie glaubten an den christlichen Gott, trauten aber den alten Göttern noch manches zu. In Konstantinopel standen gebildete Christen und Heiden noch Anfang des 5. Jahrhunderts in lebhaftem und freundschaftlichem geistigen Austausch. In Alexandria hingegen überfiel ein bischöflich ermunterter Mob im März 416 die in der Stadt hoch angesehene Philosophin, Mathematikerin und Astronomin Hypatia, brachte sie um und zerstückelte den Leichnam. Bischof Kyrill und die Täter gingen straffrei aus. Laut „Codex Theodosianus", im Jahr 438 erschienen und das wichtigste Dokument für die zurückliegende religiöse Revolution, waren alle Bürger, „die sich mit dem unheiligen Irrtum oder Verbrechen des heidnischen Kultus beflecken", vom Kriegsdienst, von der Beamten- und Richterlaufbahn ausgeschlossen. Jetzt war das Christentum zum offiziellen Träger der Kultur berufen. Die Geduld des Bleibens in der Welt hatte sich fortan bei deren Gestaltung auf allen Ebenen zu bewähren. Das christliche Pathos der Distanz zur Welt und die immer tiefere Verwurzelung des Christentums in der Gesellschaft vermehrten jene Widersprüche, die in der „Veralltäglichung" eines religiösen Impulses beschlossen liegen. Das Pathos der Distanz hielten Asketen, Eremiten, Rigoristen aufrecht. Es scheint kein Zufall zu sein, daß die Anfänge und die Ausbreitung des christlichen Mönchtums in der Ära der allmählichen Privilegierung der Kirche zu suchen sind.

4. Erben des Imperiums

Das Imperium hatte stets mehr sein wollen als ein politisches Reich, nämlich eine von Roms Kultur durchdrungene Welt: Orbis Romanus. Edward Gibbon, der englische Althistoriker des 18. Jahrhunderts, sah die Ursache für den Niedergang des Imperiums in seiner übermäßigen Ausdehnung. Das Reich brach unter seinem eigenen Gewicht zusammen. Das Imperium, seit dem 4./5. Jahrhundert christlich, wurde zum Übergangsreich für neue Staaten und Kulturen. „Des Erdkreises Zügel", wie es in der Dichtung der Renaissance hieß, hielt die Roma aeterna bald nicht mehr in der Hand.

Nach dem Tode von Kaiser Theodosius dem Großen 395 kam es zur Teilung des Imperiums in das ost- und weströmische Reich. Das weströmische Reich erlag einer raschen Auflösung. Von Britannien bis Nordafrika fiel es den „Barbaroi" anheim, nach römisch-hellenistischem Verständnis den Ausländern, Fremden, Ungebildeten. Germanische Staatsgründungen begannen das westliche Reichsgebiet zu überziehen. Das oströmische Reich agierte zunächst glücklicher. Es gelang ihm, die aus dem Donau- und Balkangebiet in immer neuen Wellen einflutenden Goten und Hunnen nach Westen abzudrängen. Mehr als einmal lenkte die eine Reichshälfte die

Scharen der einwandernden Völker auf die andere ab, oder man spielte sie bei politischen Konflikten gegeneinander aus.

Angesichts der Auflösung des Westreichs – als Datum seines Endes gelten die Jahre 476 bzw. 486 – rüstete sich der Osten, dort wieder die Herrschaft zu übernehmen. Doch vereint war das Imperium nur noch unter der Herrschaft Kaiser Justinians I. (527–565). Danach blieb das Imperium auf den Osten beschränkt. Immerhin bestand das Byzantinische Reich, geopolitisch stark reduziert, bis zur Mitte des 15. Jahrhunderts. Am 29. Mai 1453 erlag Konstantinopel den zu Wasser und zu Lande anrückenden Truppen des osmanischen Sultans. In der abendländischen Geschichtsschreibung erfuhr das Byzantinische Reich bis ins 20. Jahrhundert eine stiefmütterliche Behandlung. Der griechische Osten und alles, was sich von Syrien bis Ägypten, vom Kaukasus bis nach Indien und China mit ihm verbindet, wirkte aus der Sicht des christlichen Abendlandes wie ein Schemen. Byzanz jedoch ist für die Geschichte des Christentums nicht minder wichtig als Rom. Das Byzantinische Reich beerbte das Imperium Romanum auf veränderter Grundlage, ohne freilich an dessen Macht und Einfluß anknüpfen zu können.

Zu den indirekten Erben des Imperium Romanum gehört der Islam. Seine schnelle Ausbreitung nach dem Tod des in Mekka geborenen Propheten Muhammad (ca. 570–632) scheint schwer vorstellbar, wäre das römische Weltreich damals nicht schon weithin zerfallen gewesen. Mit dem Islam trat seit dem 7. Jahrhundert eine neuartige Kraft in die nachimperiale Geschichte ein. Der Islam beeinflußte den christlichen Orient und den christlichen Okzident und war seinerseits vom Christentum beeinflußt. Beim Tode Muhammads umfaßte der Islam die bewohnten Gebiete Arabiens und breitete sich schnell über Nordafrika, Spanien, den Irak, Persien, Turkestan, Südindien aus. Während der Osmanenherrschaft drang der Islam tief in den Balkan vor. Die Geschichte des Islam ist stets auch Teil der Geschichte des Christentums.

Die Mutterreligion des Christentums, das Judentum, hatte sich nach dem Zerfall des Reichs und den arabischen Eroberungen in eine religiös und politisch veränderte Umwelt hineinzufinden. Teils lebte es unter islamischer, teils unter christlicher Herrschaft. Die Muslime behandelten die Juden im allgemeinen toleranter als die Christen. In Ägypten konnte Mose Ben Maimon (1138–1204), geboren in Südspanien, Hofarzt des Kalifen werden, in Bagdad war der Exilarch als politischer Führer der Juden offiziell anerkannt. Im 11. Jahrhundert lag der Schwerpunkt der jüdischen Kultur im islamischen Spanien und in Nordafrika. Verglichen mit den zahlreichen Juden unter islamischer Herrschaft bildeten die Juden im christlichen Einflußbereich vorerst eine Minderheit mit Zentren in Konstantinopel, Griechenland, Süditalien. Seit dem 8. Jahrhundert entstanden größere Ansiedlungen auch in Westeuropa: in Frankreich, am Mittelrhein und in England. Ihre interkulturelle Existenz ließ die Juden zu Brückenbauern zwischen den Kulturen werden. Ins Hebräische übersetzte Werke arabischer Ärzte, Dichter, Mathematiker, Astronomen wanderten durch Übertragung in die lateinische Sprache oder auf direktem Wege, also durch Übersetzung aus dem Arabischen ins Lateinische, in die christliche Kultur ein. In Cordoba lebten Juden, Christen und Muslime bis zum Herrschaftsantritt der fundamentalistischen Almoraviden in vorbildlicher Toleranz. Cordobas Bibliothek mit ihren 400 000 Bänden galt damals als die reichste der Welt. Im 12./13. Jahrhundert war Palermo unter Roger II. und Friedrich II. ein reger Umschlagplatz der Kulturen. Gedankt haben die Christen den Juden ihre Mittlerrolle kaum. Mochten die christlichen Kaiser wie später Fürsten und städtische Magistrate die Juden aus kommerziellen Gründen begünstigen und geistliche Obrigkeiten ihnen mit Wohlwollen begegnen, so zeigten die Attacken von Klerikern doch auch, wie mißliebig sie in Teilen der Kirchenhierarchie waren. Im 10./11. Jahrhundert nahm der Bekehrungsdruck auf die Juden zu. 1007 kam es im Frankenreich zu Verfolgungen, 1012 in Mainz zur Vertreibung.

Betrachtet man die aus der mittelmeerischen Antike hervorgegangenen Neubildungen, verliert der historische Folgebegriff „Mittelalter" erheblich an Reichweite. Chronologisch bezeichnet er die Zeit vom Untergang Westroms und des Emporsteigens der fränkischen Herrschaft bis zur Schwelle des Zeitalters der großen Entdeckungen. Geographisch ist er auf West-, Südwest- und Mitteleuropa unter Einschluß skandinavischer und slavischer Gebiete bezogen.

5. Oriens Christianus

Wenden wir uns zunächst der Geschichte des Christentums im Osten zu. Sie erschöpft sich nicht in der Geschichte von Byzanz. Der Oriens Christianus umfaßt auch den semitisch-orientalischen und den kirchenslavischen Kulturkreis. So weit er sich erstreckt, sein Mittel- oder jedenfalls Ausgangspunkt ist gleichwohl griechisch-byzantinisch. Der griechische Osten war Schauplatz von sieben ökumenischen Konzilen, deren erstes, wie erwähnt, 325 in Nizäa tagte. Nicht minder bedeutend war das (vierte) ökumenische Konzil 451 in Chalkedon. Theologisch ragte es durch die Lehre von den zwei Naturen Jesu Christi – wahrer Gott und wahrer Mensch – heraus, kirchenrechtlich durch seinen sog. 28. Kanon: Gleichstellung der Bischöfe von Rom und Konstantinopel. Freilich war Chalkedon auch ein Datum schmerzlicher Trennungen. Im Streit um die zwei Naturen des Gottessohns trennten sich die Anhänger des dogmatisch verurteilten Patriarchen Konstantinopels von der Reichskirche und gingen in der syrisch-nestorianischen Kirche ihren eigenen Weg. Diese Kirche verbreitete sich bis nach Indien und China. Eine weitere Oppositionsrichtung gegen das Dogma von Chalkedon waren die Monophysiten, Anhänger der Lehre von der Verschmelzung der zwei Naturen des Gott-Menschen zu einer Natur. Monophysitische Kirchen entstanden in Äthiopien, in Ägypten, in Westsyrien und in Armenien. Auf der Fortsetzungsversammlung des sechsten Konzils von 680/81 in einem Saal des kaiserlichen Palasts in Konstantinopel dokumentierten die Bischöfe des Ostens 692, daß der Graben der Entfremdung zwischen Ost und West breiter geworden war, indem sie das abendländische Kirchenrecht nahezu völlig ignorierten und den Zwang zur Ehelosigkeit bei Presbytern und Diakonen verurteilten. Das siebente ökumenische Konzil 787 in Nizäa vertiefte den Bruch, diesmal wegen der unterschiedlichen Auffassungen über die Verehrung religiöser Bilder. Für die abendländische Kirche waren die Bilder ein Mittel frommer Pädagogik, im Osten stellten sie nach der Zurückdrängung der Ikonoklasten, der Bilderfeinde, einen Gegenstand kultischer Andacht dar. Noch heute feiern die orthodoxen Kirchen den ersten Sonntag in der vorösterlichen Fastenzeit als „Fest der Orthodoxie": Erinnerung an die feierliche Wiedereinführung der Bilderverehrung.

Entgegen zählebiger Vorurteile des Abendlands vollbrachte Byzanz im 9./10. Jahrhundert wie auch später großartige Kultur- und Missionsleistungen. Bedrängt von den Muslimen, von den Bulgaren und in seinem Besitzstand in Ober- und Unteritalien bedroht, gewann das Byzantinische Reich dennoch immer wieder neu an Höhe, namentlich in der „makedonischen Renaissance". Begründet hat sie im Jahr 866/67 Basileios I., der Sproß einer Bauernfamilie. Die Blüte dauerte bis zum Ende der makedonischen Dynastie 1056. Von blutigen Thronkämpfen und kirchlichen Wirren blieb das Zeitalter nicht verschont. Die bedeutendste Persönlichkeit jener Epoche war Patriarch Photios (820–891), ursprünglich Prinzenerzieher, Lehrer der Philosophie, Leiter der Kanzlei des Kaisers und Mitglied des Senats. Die kirchenrechtlich problematische Weihe und Einsetzung des großen Gelehrten gab Papst Nikolaus I. Anlaß, seinen päpstlichen Anspruch geltend zu machen und Photios abzusetzen. Im Gegenzug faßte Photios in einer Enzyklika an die Patriarchen des Morgenlandes die gesamte theologische und liturgische Streitmasse zwischen Ost- und Westkirche zusammen und exkommunizierte 867 den Papst. Der Bruch wurde nach jahrzehntelangem Hin und Her notdürftig gekittet. Eine wirkliche Aussöhnung zwischen Rom und Konstantinopel war nicht mehr möglich. Der (vorläufig) endgültige Bruch zwischen lateinischer und griechischer Kirche fand 1054 statt. Relativ nichtige Anlässe – unter anderem der Streit um den kirchlichen Gebrauch ungesäuerten Brotes – dienten der wechselseitigen Bannung. „Sie seien verflucht,

Maranatha, zusammen mit Simonianern, Valentinianern, Arianern ... und allen Häretikern, ja mit dem Teufel und seinen Engeln, wenn sie nicht doch zur Einsicht kommen." So lauteten Sätze der Bannbulle, die Gesandte des Papstes am 16. Juli 1054 auf dem Hauptaltar der Hagia Sophia in Konstantinopel niederlegten. Wenige Tage später zahlten die Byzantiner mit gleicher Münze zurück.

Die religiöse Entwicklung des Oriens Christianus nährte sich aus der Kraft des Mönchtums. Die Ursprungsgebiete des christlichen Mönchtums befanden sich in Ägypten und in Syrien. Nach den Asketen der Frühzeit, die sich an einsamen Orten – an Gräbern etwa – aufhielten, entwickelte sich das östliche Mönchtum in außerordentlicher Breite. Die um 320 einsetzende Vergemeinschaftung der Asketen in Klöstern führte zur Ausbildung von Regeln und einer besonderen Frömmigkeits- und Schrifttradition. Zu nennen sind die „Vätersprüche" sowie das „Hundert-Kapitel-Buch" des Evagrius Ponticus. Nach der religionspolitischen Wende unter Konstantin und seinen Söhnen entstand im 4. Jahrhundert eine regelrechte mönchische Welle, Ausdruck des „Nein" gegen die Verweltlichung des Christentums. Wegen seiner vielen heiligen Stätten entwickelte sich Palästina zum Pilgerland. Nicht wenige Pilger ließen sich dort für immer in Klöstern oder Eremitenklausen nieder.

Die Mönche des Ostens sind „Basilianer". Sie fußen auf den mönchischen Idealen des Erzbischofs von Kappadozien, Basilius des Großen (329–379). Christliche Vollkommenheit, so Basilius, ist nur in der Gemeinschaft möglich, durch Seelenführung in Buße und Beichte, durch Gebet, Bildungsarbeit und Sozialtätigkeit. In 203 Fragen und Antworten entwickelte er in seinem „Asketikon" die Agenda des Mönchslebens. „Zuchtmittel wende der Vorsteher in der Weise des Arztes bei den Schwachen an, indem er nicht den Kranken zürnt, sondern die Krankheit bekämpft und dem Leiden entgegenwirkt, durch eine strenge Lebensweise die Gebrechen der Seele heilend." Grundlegend für Basilius war die Durchdringung von Kirche und Mönchtum. Orden, wie die lateinische

Christenheit sie schuf, waren und sind der Ostkirche fremd. In den Folgezeiten entstanden in den Klöstern des Ostens die „Typika": kultisch-liturgische Vorschriften und Gemeinschaftsregeln mit regionaler Eigenart. In der Mönchsrepublik auf dem Athos fand 972 das erste vom byzantinischen Kaiser bestätigte Typikon Eingang. Der Athos nahm eine Schlüsselrolle in der Kulturgeschichte der Slavenvölker ein. Hier überkreuzten sich besonders viele Einflüsse. Ein eindrucksvolles Beispiel für die Verbindung von Mönchsfrömmigkeit und Kulturarbeit gab das russische Mönchtum. Nach dem Besuch des Athos gründete Antonius (1073) das berühmte Höhlenkloster bei Kiev.

Missionspolitisch verbuchte Byzanz bedeutende Erfolge. Anfänglich stieß die Mission allerdings auf erhebliche Schwierigkeiten. Das Christentum ließ sich nicht überall in rechtgläubiger Form einpflanzen. Das war der Fall bei den „Paulikianern", einer Sekte in Armenien, die durch Bevölkerungsverschiebungen bis ins Reichsgebiet vordrang, und bei den im Bulgarenreich zahlreichen „Bogumilen". Ihren Namen leiteten sie von dem makedonischen Dorfpriester Bogumil her. Über Bosnien drangen die „Bogumilen" bis nach Süd- und Westeuropa vor. Bei ihnen lebten Impulse des frühen Christentums fort, die den Stempel des Ketzertums trugen. Die „Bogumilen" nannten sich „Himmelsbewohner". Ebenso wie die „Paulikianer" verurteilten sie die soziale Ungleichheit und den hierarchischen Pomp der Kirche. Die radikalen Armutsbewegungen des lateinischen Mittelalters erhielten dadurch Anstöße. Bis in die Mitte des 13. Jahrhunderts liefen zwischen der „häretischen Ökumene" Ost- und Westeuropas Fäden hin und her. Bei den „Katharern" Südfrankreichs, die nach dem Beruf ihrer Wanderprediger auch „Tisserands" (Weber) und nach ihrem Zentrum Albi bei Toulouse Albigenser genannt wurden, verband sich die Herkunft von den „Paulikianern" mit dem schroffen Dualismus der „Bogumilen": mit der Lehre vom Gegensatz zwischen Gott und Satan, Geist und Materie. Die Katharer verwarfen die Ehe, den Kriegsdienst, den Eid, das Alte Testament.

Festeren Boden betrat die byzantinische Mission im 9. Jahrhundert mit dem Wirken von zwei Söhnen eines Flottenkommandanten in Thessalonike, den Brüdern Methodius und Konstantin. Sie tragen den Ehrennamen Slavenapostel. Nach den Anfängen der Mission in Mähren trat Konstantin in ein griechisches Kloster in Rom ein, wo er unter seinem neuen Namen Kyrill im Alter von dreiundvierzig Jahren starb. Sein Bruder Methodius war mit einem langen Leben gesegnet und dementsprechend wirksamer (815–884). Der Erfolg der Slavenapostel beruhte auf ihrer Entscheidung, im Gottesdienst die slavische Sprache zu verwenden. Als Erzbischof von Sirmium und Primas von Pannonien, Serbien und Mähren arbeitete Methodius an der Ausgestaltung des ältesten slavischen Alphabets, der glagolitischen Schrift, aus der das Kyrillische hervorging.

In die Epoche der „makedonischen Renaissance" fiel ein herausragendes Ereignis, die „Taufe Rußlands". Die Kiever Rus war missionspolitisch hart umkämpft. Seit den Zeiten des Patriarchen Photios gab es die byzantinische Mission, daneben Interessen der bulgarischen Kirche, des Papstes und der deutschen Könige. Erfolgreich blieb Byzanz. Mitte des 10. Jahrhunderts ließ sich Großfürstin Olga taufen. 988 empfing Großfürst Vladimir in Cherson auf der Krim die Taufe und wurde politischer Bündnispartner von Byzanz. Die Erhebung des Christentums zur Staatsreligion in den einst von Fischern und Jägern besiedelten Gebieten wurde im Frühjahr 988 (989?) durch die Massentaufe der Bevölkerung im Dnjepr bekräftigt. Da die Kiever Rus kaum auf eigene Kulturtraditionen zurückgreifen konnte, war der Export der byzantinischen Kultur um so intensiver. Baumeister aus Byzanz entwarfen die ersten Kirchen, deren Kuppeln später von den charakteristischen russischen Zwiebeltürmen abgelöst wurden. Byzantinische Künstler und Handwerker schufen die Mosaiken und Ikonen. Das russische Kirchenrecht ruhte auf byzantinischen Grundlagen. Eine bloße Replik von Byzanz war das russische Christentum jedoch nicht. Die im Vergleich mit anderen Kulturräumen besonders hohe Bedeutung der Kirche Rußlands zeigte sich im engen Miteinander von christlichem Klerus und politischer Herrschaft sowie in der langen literarischen Vorherrschaft des Religiösen. Noch im Jahr 1600 befanden sich unter den 240 russischen Schriftstellern, die aus dieser Zeit bekannt sind, 190 Mönche und 20 Weltgeistliche. Nach dem Untergang von Byzanz 1453 empfand sich Rußland als dessen Erbe. Moskau nahm für sich in Anspruch, das „dritte Rom" zu sein.

6. Christliches Abendland

„Die Weltgeschichte geht von Osten nach Westen", meinte G. W. F. Hegel in seinen „Vorlesungen über die Philosophie der Geschichte". Die Auffassung des Philosophen hält der Wirklichkeit nicht stand. Die Geschichte widersetzt sich einer universalen Zielbestimmung zugunsten des jeweils eigenen Kulturraums. So bleibt auch die Geschichte des Christentums im Abendland eine Geschichte unter weiteren Geschichten.

Wann und wo beginnt das christliche Abendland? Man könnte sagen, es begann an den zusammenbrechenden Militärgrenzen des Imperium Romanum. Bis zur Mitte des 4. Jahrhunderts hatte das Reich die andrängenden Germanenstämme noch integrieren können. Die Dämme brachen in jener gigantischen Bevölkerungsverschiebung von Ost nach West, die seit 375 durch den Druck des asiatischen Reitervolkes der Hunnen verursacht worden war. Das innenpolitisch instabile und seit 395 geteilte Reich besaß nicht mehr die Kraft, die Bildung germanischer Gentilreiche abzufangen. In manchen Kreisen der Spätantike galt die Aussicht auf eine Welt ohne Rom als das Ende der Welt. Augustinus, Bischof von Hippo Regius in Nordafrika und überragender Lehrer der lateinischen Kirche (354–430), mahnte zur Ruhe und Besonnenheit. Außer Rom gab es noch eine andere Welt, und auch sie stand unter Gott. Nur so erklärte sich für Augustinus die „überraschende Milde" der Barbarenvölker. „Nein, ihren blutdürstigen und grausamen Sinn hat einer, nur einer zurückgeschreckt, gezügelt und wunderbar besänftigt, er, der so lange vorher durch die Propheten sprach."

Neben kleinen germanischen Reichen entstanden das Reich der Westgoten um Toulouse 418–507 und um Toledo 507–711, das Ostgotenreich unter Theoderich dem Großen mit der Hauptstadt Ravenna 493–553, das Reich der Wandalen in Nordafrika 429–533 und das Reich der Langobarden in Italien mit der Königsstadt Pavia 568–774. Die germanischen Reiche waren zu größeren Teilen bereits vom Christentum durchdrungen. Das Fundament für ihre Christianisierung hatten Westgoten und der Gotenbischof „Kleiner Wolf" (Wulfila; Ulfilas) gelegt. Ihm verdankte die germanische Welt die gotische Übersetzung des Neuen Testaments (ob auch des Alten Testaments, ist unsicher). Wulfila bekannte sich zum Christentum in seiner um die Mitte des vierten Jahrhunderts im Römerreich offiziell gültigen, seit dem Dogma von Nizäa-Konstantinopel 325/381 jedoch als „häretisch" geltenden Form. Die Folgen waren erheblich. In den Germanenreichen pflegte man den nichtnizänischen Glauben Wulfilas. In Nordafrika prallten das einheimische katholische Christentum und das Christentum der wandalischen Eroberer heftig aufeinander. Der Wandalenkönig Geiserich griff hart durch. König Hunerich warf Tausende von katholischen Klerikern und Laien in Sklavenlager. Im Ostgotenreich hingegen baute Theoderich der Große ein Modell pragmatischer Toleranz mit den Katholiken auf. Sein Mausoleum in Ravenna gestaltete er nach dem Vorbild Konstantins des Großen.

So lange und intensiv Theoderichs Königtum in den Sagen der germanischen Völker fortlebte, der „neue Konstantin" war er nicht. Diese historische Mission fiel einem anderen Herrscher zu, Chlodovech (Clovis; Chlodwig). Den Hintergrund bildete die Reichsbildung eines weiteren Germanenvolkes, der vom Mittel- und Niederrhein gekommenen Franken, auf gallorömischem Gebiet. Chlodovech, seit 482 König der salischen Franken, beseitigte nach und nach die konkurrierenden fränkischen Gaukönige und auch die Reste römischer Herrschaft. 486 besiegte er Syagrius bei Soissons. In rascher Folge eroberte er größere Teile Alemanniens und Aquitaniens. Um sich der Bündnis- und Religionspolitik Theoderichs zu entziehen, trat Chlodovech (498?– die Datierung ist unsicher) zum katholischen Bekenntnis über. Dieser Schritt ist historisch von ähnlichen Deutungsproblemen umgeben wie die religionspolitische Wende unter Konstantin dem Großen. Was war an Chlodovechs Christentum Glaubensüberzeugung, was Machtpolitik? Chlodovech, seit etwa 490 mit einer christlichen Prinzessin aus Burgund verheiratet, ebnete durch seine Taufe die Kulturdifferenz zwischen der katholischen Bevölkerung Galliens und den „Barbaren" ein. Den feierlichen Akt der Massentaufe des Königs mit „mehr als 3000" (so Gregor von Tours) aus seinem Heer vollzog Remigius, Bischof von Reims. Nach der Taufe ritt Chlodovech durch die Stadt und warf Gold und Silber in die Menge. 508 machte Chlodovech Paris zum Mittelpunkt des neuen Reichs. Mit dem katholischen Frankenreich war ein neuer geopolitischer Machtraum sichtbar. Seine Bedeutung wuchs in dem Maße, wie die Germanenreiche vornizänischen Bekenntnisses in das Grab der Geschichte sanken. Bevor die Begegnung zwischen römischem Erbe und fränkischer Macht zu historischer Wirkung kam, verstrichen allerdings noch zweieinhalb Jahrhunderte.

Wer übernahm die Führung des Christentums? Seit den ältesten Zeiten genossen die Gemeinde in Rom und ihr Bischof einen gewissen Vorrang vor den übrigen Christengemeinden. In Rom ruhten die Gebeine der Apostel Petrus und Paulus. Petrus hatte nach römischem Verständnis den Vorrang des römischen Stuhls im „Kranz der Bischöfe" gefestigt. Roms Bischöfe benutzten das sog. „Felsenwort" Jesu: „Du bist Petrus, und auf diesem Felsen werde ich meine Kirche bauen" (Matthäus 16, 18) seit dem dritten Jahrhundert zur Stützung ihres Führungsanspruchs. Außerdem profitierte der Bischof von Rom vom vorchristlichen Mythos der Roma aeterna, der Ewigen Stadt. Beim Eintritt der Germanenreiche in die Geschichte hatte Rom sein Selbstbewußtsein auch schon juristisch deutlich gemacht. Papst Leo I., mit dem Beinamen der Große (440–461), beanspruchte für den Bischof von Rom die Vollmacht des „Stellvertreters Petri" in der Universalkirche. Die späteren Päpste bezeichneten sich als „Stellvertreter Christi". In der Nachfolge Leos nahm Papst Gelasius I. am Ende des 5. Jahrhunderts die Aufgabe in Angriff, das Verhältnis zwischen weltlicher und geistlicher Gewalt zu bestimmen. Dem Kaiser Ostroms teilte er 494 mit: „Zwei sind es, erhabener Kaiser, von denen hauptsächlich die Welt regiert wird: die geheiligte Autorität der Bischöfe und die königliche Gewalt. Unter diesen ist das Gewicht der Priester um so schwerer, als sie auch für die Könige der Menschen bei der göttlichen Prüfung Rechenschaft geben sollen." Gelasius forderte demütige Nackenbeugung der Könige vor den „Vorstehern der göttlichen Dinge" und Gehorsam vor dem „Vorsteher des Stuhls ..., der nach dem Willen der höchsten Gottheit alle Bischöfe überragen sollte". Ein weiterer bedeutender Papst, Gregor I., der Große (590–604), der dem senatorischen Beamtenadel Roms entstammte und seine geistlichen Akzente als „Mönchspapst" setzte, meinte, dem Nachfolger Petri müsse ein irdisches Reich gehören, ein greifbarer Vorausblick auf den Frieden Christi. Gregor der Große straffte und reorganisierte den durch Schenkungen erworbenen Grundbesitz des Bischofs von Rom und stärkte die Wirtschaftskraft dieser Domänen. Mehr als einmal versorgte der Inhaber des Patrimonium Petri die hungernde Bevölkerung mit Getreide. Der Keim des Kirchenstaates war gelegt.

Der innere Aufbau der Papstidee und ihre juristische Ausgestaltung versammelte die Christenheit nicht automatisch um den Stuhl Petri. Das Papsttum mußte sich seine Kirche zu großen Teilen erst schaffen. Der griechische Osten ging andere Wege als Rom. Die zwar christlichen, doch nicht katholischen Germanenreiche erblickten im Papst weder ihre theologische noch kirchenrechtliche Autorität. Sie waren in eigenen Landeskirchen organisiert. Das Papsttum stellte sich diesen kultur- wie machtpolitisch spannungsreichen Herausforderungen auf zweierlei Weise: durch Missionsarbeit und durch allmähliche Fixierung auf den neuen Machtschwerpunkt, das Frankenreich.

Im Jahr 596 reisten mehr als drei Dutzend Mönche im Auftrag von Papst Gregor nach den äußersten Enden der einstigen Römerherrschaft, auf die britischen Inseln. Der Erfolg war durchgreifend. Im Süden Englands, in Schottland und Irland bildete sich in kürzester Zeit ein spirituelles Kraftzentrum der römisch-katholischen Kirche. Der geistliche Aufbruch war um so nachhaltiger, weil er sich nicht allein der päpstlichen Missionspolitik verdankte. An der Peripherie der damals bekannten Welt vollzog sich eine zweite christliche Initialzündung. Die „alten" Christen, nach dem Abzug der römischen Legionen 406 unter den heidnischen Angelsachsen und örtlichen Häuptlingen an den Rand gedrängt, sahen sich zu einer neuen Zukunft berufen.

War der eine Geburtsort des christlichen Abendlandes Rom, lag der andere auf den britischen Inseln. Denn die Missionare der angelsächsischen Bischofskirche und des iroschottischen Mönchtums waren es, die weite Gebiete des europäischen Festlands durchstreiften und für das Christentum gewannen. Missionszentren entstanden im Elsaß, am Bodensee, in Oberitalien, im westlichen Friesland. Der angelsächsische Missionar Winfried (672/75–754), als Heidenmissionar für Thüringen und Hessen mit dem Namen Bonifatius versehen, erhielt im Jahr 738 den Titel „Germanischer Legat des apostolischen Stuhls". Er errichtete zahlreiche Bischofssitze und Klöster.

Das Frankenreich war zunächst Roms Schutzmacht. Als Papst Stephan II. den Karolinger Pippin III. (741–768) um Hilfe gegen die Langobarden bat, nahm Pippin einerseits den Titel Patricius Romanorum an, beugte andererseits aber das Knie vor dem Papst und leistete ihm den symbolischen Dienst des Reitknechts. Die Mischlage von politischer Macht und geistlicher Ehrerbietung barg Probleme. Unter Karl dem Großen (768–814), dem Herrscher über Europas mächtigstes Großreich, mit dem die Grundlagen des christlichen Abendlandes im engeren Sinne geschaffen wurden, lag das Schwergewicht eindeutig bei Karl, dem theokratischen Herrscher. Dem Papst wies Karl 796 die Aufgabe zu: „Eure Sache, heiligster Vater, ist es, wie Mose mit zu Gott erhobenen Händen unseren Kampf zu unterstützen." Karls Kaiserkrönung am

Weihnachtstag des Jahres 800 in der Peterskirche zu Rom drückte durch den Kniefall Papst Leos III. vor dem Gekrönten Unterwerfung aus, enthielt aber durch das Aufsetzen der Krone durch den Papst auch noch andere Elemente. Von einem Anspruch auf päpstliche Oberherrschaft über den lateinischen Westen im Sinne einer päpstlichen Hierokratie konnte zu dieser frühen Zeit jedoch noch keine Rede sein.

Wohl aber war das Papsttum um Autonomie von der weltlichen Gewalt bemüht. Die sog. „Konstantinische Schenkung" – ein gefälschtes Dokument aus der zweiten Hälfte des 8. Jahrhunderts – behauptete sogar, Kaiser Konstantin hätte Papst Silvester und dessen Nachfolgern bei der Übersiedlung nach Konstantinopel den gesamten Westen überlassen und ihm das Tragen kaiserlicher Insignien gewährt. Das von Papst Gelasius I. 494 in seiner Theorie von den zwei Gewalten gezeichnete Bild der Balance zwischen weltlicher und geistlicher Gewalt war deutlich gestört. Die Störung verdichtete sich im langfristigen Werden der besonderen Sakralautorität des Papsttums. Nach der Teilung des Frankenreichs im Vertrag von Verdun 843 und unter den ottonischen Kaisern blieb die weltliche Gewalt dem Papsttum gleichwohl noch überlegen.

Das Selbstbewußtsein des Papsttums stärkte sich in den großen kirchlichen Reformbewegungen des 11./12. Jahrhunderts: durch die Klosterreformen von Cluny und Gorze, die Reform im Klerus und in der päpstlichen Verwaltung. Zusammenfassung und Höhepunkt von alldem war der „Dictatus Papae" Papst Gregors VII. (1073–1085). In den knapp formulierten Sätzen des „Dictatus" stand, der Papst könne von niemandem gerichtet werden, und ihm sei es erlaubt, Kaiser (imperatores) abzusetzen. König Heinrichs IV. Bußgang zum Papst auf die Festung Canossa – heute eine Burgruine – im Jahr 1077 blieb in den Auseinandersetzungen um die Reichweite der weltlichen Gewalt bei der Einsetzung geistlicher Würdenträger, dem Investiturstreit, historische Episode. Doch ihre Symbolkraft war groß. Unbeschädigt ging auch das Papsttum aus den Auseinandersetzungen nicht hervor. Gregor VII. starb fern von Rom mit den bitteren Worten:

„Ich habe die Gerechtigkeit geliebt und die Gottlosigkeit ge-
haßt, deshalb sterbe ich in der Verbannung." Die Beilegung
des Investiturstreits durch eine Serie von konkordatären
Kompromissen zu Beginn des 12. Jahrhunderts entsakralisier-
te das weltliche Herrscheramt und stärkte die geistliche Ober-
hoheit des Papsttums. Als Sieger konnte sich das Papsttum
trotzdem nicht fühlen. Es hatte seine geistliche Stärkung mit
Verlusten an politischer Sicherheit erkaufen müssen. Durch
die Festigung seiner politischen Macht suchte das Papsttum
dafür einen Ausgleich. Die Basis bot der „Kirchenstaat", 756
durch Pippins Schenkung des Dukats Rom und des Exarchats
Ravenna an den Papst begründet, der diese Territorien mit
dem bisherigen Patrimonium Petri verbunden hatte. Weil die
Gebiete nicht zusammenhingen, waren die Grenzen des
„Kirchenstaats" lange umstritten.

Das Ringen zwischen Imperium und Sacerdotium setzte
sich im 12./13. Jahrhundert in den päpstlichen Plänen zur Errichtung der geistlichen Weltherrschaft fort. Papst Innozenz III.
berief sich bei seiner Amtsübernahme 1198 auf den Propheten
Jeremia: „Ich habe dich gesetzt über Völker und Königreiche,
daß du ausreißen, zerbrechen, zerstören und verderben sollst,
und aufbauen und pflanzen" (1, 10). Im Kräftespiel des
Spätmittelalters zog das Papsttum den kürzeren. Papst Boni-
faz VIII. scheiterte bei der nochmaligen Formulierung des
päpstlichen Universalanspruchs 1302 an der französischen
Krone. Zwischen 1300 und 1500 sank das Papsttum zeit-
weilig in eine Periode der Schwäche. Wegen der Rivalitäten
zwischen Italien und Frankreich, doch auch wegen der
Spannungen zwischen dem Papsttum und der römischen Kar-
dinalsoligarchie war die Kirche von 1378–1415 in zwei
Papstkirchen aufgespalten. Der eine Papst residierte in Rom,
der andere in Avignon. Die Loyalitäts- und Frömmigkeitskon-
flikte der Katholiken in den siebenunddreißig Jahren
dieses „abendländischen Schismas" waren dramatisch. Die
konkurrierenden Päpste mißachteten wechselseitig die Ein-
flußzone des Gegners. Und ökonomisch hatten die Gläubigen
jetzt zwei päpstliche Regierungen zu finanzieren. Die Reform-

konzilien von Konstanz (1414–1418) und Basel (1431–1449) beendeten die institutionelle Krisis des Papsttums. Damit war der augenfälligste Mißstand beseitigt, das Papsttum selber aber nicht von Grund auf erneuert. Weder geistlich noch kirchenrechtlich oder politisch fand das Papsttum in der zweiten Hälfte des 15. Jahrhunderts jene Kraft, die zur Bewältigung der Herausforderungen des Zeitalters nötig gewesen wäre. In den europäischen Territorien festigte sich die Macht der Könige und Fürsten.

Könige und Kaiser, Päpste und Bischöfe haben, auch wenn es viel Streit und Spannungen zwischen ihnen gab, das abendländische corpus christianum geschaffen, eine Welt, in der das römisch-katholische Christsein die Regel und alles Abweichende der beargwöhnte, ausgegrenzte oder mit harten Strafen geahndete Ausnahmefall war. Die historische Pointe des unerquicklichen Ringens zwischen Imperium und Sacerdotium war, daß das Papsttum an einem neuen Reich mitgebaut hatte, das seit dem 15. Jahrhundert die Bezeichnung „Heiliges Römisches Reich Deutscher Nation" trug. Dieses Reich mitsamt seinen Randzonen war der fruchtbare Boden der lateinisch-christlichen Kultur.

Seit dem 8./9. Jahrhundert waren die artes liberales der Antike, die freien Künste, wieder aufgelebt. Die „karolingische Minuskel" hatte die Lektüre und die Vervielfältigung von Schriften vereinfacht. Die Bücherproduktion wuchs an. Im 9. Jahrhundert kopierten die Schreiber schätzungsweise 50 000 Bücher: eine Schatzkammer von Texten der Theologie, des Rechts, der Philosophie, welche den Kulturrückstand des Westens allmählich wettmachte. Europa wurde bis nach Skandinavien und Ostmitteleuropa christianisiert.

Wie im Morgenland waren auch im Abendland die Mönche eine Säule des Christentums. Je weiter sich das okzidentale Mönchtum ausgestaltete, desto mehr trat das östliche Vorbild zurück, wurde indes nicht bedeutungslos. Augustinus schuf einen neuen Typus des Mönchtums, das Klerikermönchtum, dessen Einfluß auf Kultur und Bildung sowohl der westlichen wie der östlichen Kirche gar nicht überschätzt werden kann.

Die großen Prediger, Seelsorger und religiösen Denker des Mittelalters waren nahezu durchgängig Klerikermönche, wie auch schon Augustin selber die Aufgaben des Klerikers und Mönchs verbunden hatte. Die erste Mönchsregel des Westens stammt aus seiner Feder. Ein zweiter Gründervater war Benedikt von Nursia, ein seelsorgerlich begabter Asket, der das Kloster Monte Cassino gründete und um 550 die Regula Benedicti vorlegte. Seit 816 diente sie als Musterregel für das abendländische Mönchtum. Die Klöster erfüllten neben der Pflege des Gottesdienstes zahlreiche Aufgaben: Mission, Armenfürsorge, Seelsorge und anderes mehr. Sie waren Zentren der Wirtschaft und der Bildung, kurz, kulturelle und ökonomische Stützpunkte. Die Aachener Kanonikerregel von 816 ordnete das Leben der Geistlichen nach gemeinschaftlichen Maßstäben. An den Domen und Stiftskirchen der Städte entstanden jetzt Klosteranlagen. Die Dom- und Stiftskapitel haben hier ihren Ursprung. Abendländisches Sondergut war das breite Aufblühen der Frauenklöster und -orden im Hoch- und Spätmittelalter. Die Mönchsorden erweiterten sich um weibliche Zweige, oder es entstanden eigenständige Frauenorden wie der den Prostituierten gewidmete Orden der „Bußschwestern Mariae Magdalenae". Andere Frauen organisierten sich jenseits der Klostermauern in religiösen Gemeinschaften, in Beginenhäusern und -höfen. Religiöses Streben und das soziale Sicherungsbedürfnis von Unterschichten gingen hier oft eine Synthese ein.

Das Mittelalter war erfüllt von Kämpfen um das Ideal des Christentums. „Wir weilten am liebsten in Kirchen, die arm und verlassen waren, und blieben unwissend und allen unterwürfig", schrieb Franz von Assisi (1181/82–1226) in seinem Testament. Das franziskanische Armuts- und Demutsideal war aber nur eine Farbe unter anderen. Von ganz anderem Zuschnitt waren Anselm von Canterbury († 1109) und Thomas von Aquin († 1274), oder auch der „doctor subtilis" und Ordensbruder des Franz, Duns Scotus († 1308), und mit ihnen die unübersehbaren Scharen hochgelehrter religiöser Denker. Thomas, als Kirchenlehrer überragend, meinte, die

„heilige Wissenschaft" ziehe die Vernunft heran, nicht um den Glauben zu beweisen, aber doch zu seiner Klarstellung. „Die Gnade hebt die Natur nicht auf, sondern vollendet sie. Darum muß die natürliche Vernunft dem Glauben dienen." In ganz andere religiöse Milieus gerät man, wenn man die Visionsmystik der „Sibylle des Rheinlandes", Hildegard von Bingen († 1179), oder die religiöse Dichtung des Florentiners Dante Alighieri († 1321) betrachtet. Ein nochmals verändertes religiöses Selbstverständnis begegnet bei der „Militia Christi", den geistlichen Ritterorden.

Die metaphysischen Symbolsprachen der Theologen und die archaische Alltagsreligion der Menschen des Mittelalters mit ihrem Ritualismus und Wunderglauben standen bei allen Widersprüchen in einem gemeinsamen Rahmen: der Kirchenkultur. Was sich nicht integrieren ließ, wurde abgestoßen. Die Skala der Ausgrenzung reichte von der theologischen „irrigen" Meinung und „irrigen" Formen der Frömmigkeit bis zum Sozialverhalten. Seit 1231/32 war die Inquisition eine ständige Einrichtung. Licht und Dunkel lagen auch im Mittelalter dicht beieinander.

An den imponierenden Systemen der mittelalterlichen Theologie arbeiteten indirekt die Araber mit. Denn das christliche Europa gewann die Philosophie des Aristoteles, Grundlage der Scholastik des hohen Mittelalters, über die Araber zurück. Die Reconquista, die christliche Rückeroberung der arabisch-muslimisch beherrschten Teile der iberischen Halbinsel, ging mit einem arabisch-christlichen Kulturtransfer einher. Nach dem Fall Toledos (1085) strömten viele neugierige Christen in die Stadt, angezogen von der exotischen Aura der arabischen Zivilisation. In wissenschaftlichen Genossenschaften, die sich später zu Artistenfakultäten an den Universitäten entwickelten, fand das geistige Erbe Arabiens Aufnahme.

War das Mittelalter von innen her bewegt durch die Konkurrenz unterschiedlicher Entwürfe der vita christiana, so strebte es im 11./13. Jahrhundert nach machtgestützter Außendarstellung. Die Kreuzzüge bieten dafür die historische Anschauung. Alle Motive, die sich in ihnen bündelten, ausgewogen zu beurteilen, fällt schwer. Zweifellos spielte die Frömmigkeit in der Welt der Orden, in der Laienwelt und der Welt der Politik eine große Rolle. Der Impuls, zur Entsühnung von Schuld eine Wallfahrt in das Heilige Land zu unternehmen, verbunden mit dem Kampf gegen die „Ungläubigen", besaß unmittelbar zündende Wirkung. Er verband sich mit der Vision innerer Befriedung der lateinischen Christenheit durch ein Bündnis nach außen. „Wie oft habt ihr euch im Dienst und auf Befehl kleiner weltlicher Herren gegenseitig zerfleischt", rief Papst Urban II. 1095 auf der Synode im französischen Clermont den zahlreichen Versammlungsteilnehmern zu. „Denkt an das Volk des alten Bundes, das unter Josuas Führung das Land der Verheißung gewann." Weitere Motive kamen hinzu: Abenteuerlust, religiöse Exaltationen, Machtpolitik. Um die Führung der Kreuzzugsbewegung rangen der Papst, die Stauferkaiser, England und Frankreich. Kreuzfahrer sollten vor allem Fürsten, Ritter und ihr wehrhafter Anhang sein. Die „Kleriker, Weiber und Kinder, Greise und Schwachen" waren von Urban II. zum Zurückbleiben aufgefordert, um die Ausziehenden durch „Gebete und Almosen" zu unterstützen. Tatsächlich entwickelten sich die Kreuzzüge zu Massenbewegungen aller sozialen Schichten. 1212/13 fand sogar ein „Kinderkreuzzug" statt. Er endete für einen Teil der Kinder in den Bordellen des Orients. In der ersten Kreuzzugswelle vom Frühjahr 1096 wälzten sich zur Befreiung Jerusalems aus muslimischer Hand Bauern, Handwerker, Bettler und fanatische Prediger noch vor Aufbruch der Ritter nach Osten. Schon unterwegs kam es, noch auf Heimatboden, zu blutigen Massakern an „Ungläubigen", den Juden. Die Eroberung Jerusalems 1099 und die Errichtung von Kreuzfahrerstaaten in Syrien und Palästina zeugten trotz zahlreicher strategischer Fehler von der militärischen Kraft der „Franken". Mit dem Aufstieg des neuen Türkenreichs unter Sultan Salah ad-Din und dem Fall der Festung Akkon 1291 endete die Herrschaft der Kreuzfahrer.

Für die interkulturelle Begegnung zwischen Christen und Muslimen sowie zwischen den lateinischen und byzantinischen Christen in den Kreuzfahrergebieten waren die Kreuzzüge in vielfacher (nicht in jeder) Hinsicht katastrophal. Im Abendland selber brachten sie neue Formen der Frömmigkeit hervor: eine Steigerung der Marienverehrung, der Reliquienfrömmigkeit, die Christusminne. Andererseits erfuhr ein Teil der „Franken" im Orient eine kulturelle Umwandlung. Das galt vor allem für die im Lande Geborenen, pulani (Hühner) genannt. Sie konnten sich nicht als Fremde verstehen und trugen manchmal sogar Turbane. Manche der in den Kreuzzügen entstandenen geistlichen Ritterorden widmeten sich nach dem Fall Akkons der (Schwert-)Mission in Europa, etwa der Deutschherren-Orden. Die Orient-Kreuzzüge des 11.–13. Jahrhunderts gingen mit anderen Kreuzzügen einher: gegen die Slaven, die Albigenser, die unbotmäßigen Bauern Nordfrieslands (Stedingerkreuzzug), außerdem mit Judenpogromen. Insofern waren sie Bestandteil eines vielgliedrigen römisch-katholischen Religionskrieges gegen „Ungläubige" und „Ketzer".

7. Spätmittelalter und Reformation

Zwischen 1300 und 1500 gelangte Europa zu einem gewissen Gleichgewicht. Die großen Zentralkräfte wichen vielen Kraftzentren, den Landesherren und ihren Kirchenregimenten. Die Erkenntniswelten der Wissenschaften kanalisierten sich in Schulen und Gruppen. An den Universitäten kristallisierten sich die geistigen Auseinandersetzungen um die Pole der „via antiqua" (konservative Theologie) und der „via moderna". Außerhalb der Universitäten, auf die sie erst gegen Ende des 15. Jahrhunderts einwirkten, meldeten sich die Humanisten zu Wort. Trotz aller Skepsis einiger Kirchenväter gegen die antiken Bildungsideale – Hieronymus († 419/20) abweisend: „Anhänger Ciceros bist du, kein Christ" – waren diese im christlichen Kulturkreis stets wirksam geblieben. Die humanistische Renaissance des Spätmittelalters vollzog sich im christlichen Kontext und löste sich erst später von ihm. Die wichtigste Leistung der Humanisten bestand in der Neuerschließung der alten Schriftquellen. Nicht mehr das Zitat des Zitats wurde ausgelegt, sondern die Quelle selbst.

Das Papsttum stieß im 15. Jahrhundert schmerzhaft an die Grenzen seines Einflusses und seiner Gestaltungsmöglichkeiten. Europaweite Ambitionen hegend versank es immer wieder in kleinstaatliche Territorialpolitik. Die schnelle Kirchenunion Roms mit Byzanz, 1439 in Florenz vollzogen, hatte keinen Bestand. Die Sorge um den Kirchenstaat verzehrte die Energien. Und wenn die „Renaissancepäpste" die ewige Stadt mit Kunstwerken nachgerade überreich ausstatteten und Rom zur Weltmetropole des Geistes machen wollten, dann war keineswegs klar, welche Motive sie dazu bewogen. War es das Bestreben, die Kulturkraft der Kirche zu stärken, oder territorialfürstliche Ruhmessucht?

Das Spätmittelalter besaß noch ein anderes Gesicht, das der Krisen, Katastrophen und Ängste. Zeitweise schien es, als erläge das Abendland dem Druck des Osmanischen Reiches. Konstantinopel war den Osmanen bereits zugefallen; andere christliche Reiche und Herrschaften im Balkangebiet folgten. Zum Schrecken Europas wurden die Spahis (Reiter) und die Janitscharen, Spezialtruppen von muslimisch erzogenen Sprößlingen aus christlichen Familien. Auch die Geißel der Pest schlug zu. Um 1350 hatten Pestepidemien die Bevölkerung Europas um ein Drittel dezimiert. In Flandern und weiteren Gegenden richteten Bauernaufstände Zerstörungen an. Zwischen England und Frankreich herrschte der „Hundertjährige Krieg" (1339–1453). Apokalyptische Prediger wie Savonarola fanden Zulauf. Seit Ende des 15. Jahrhunderts begannen vermehrt Hexenprozesse das Spätmittelalter zu verdüstern, auch wenn der Höhepunkt des Hexenwahns erst in die Zeit um 1600 fiel. Offenbar brauchte die Laienkirche ein Feindbild, um religiöse Ängste abzuleiten. Deutsche Inquisitoren kodifizierten den Hexenwahn im „Malleus maleficarum" („Hexenhammer"). Sie veranlaßten den Papst, die Hexenprozesse 1484 zu institutionalisieren. Die Hexen befänden sich mit der Hölle im Bund und hätten „mit dem Tod einen Verstand" gemacht, lautete der Vorwurf im „Malleus maleficarum" von 1487.

Neue Formen der Frömmigkeit entwickelten sich und traten in Konkurrenz zur theologischen Gelehrsamkeit. Die Mystik, die sich im europäischen Maßstab entfaltete und mit Meister Eckhart (ca. 1260–1328) ihren Gipfel erreichte, war gleichermaßen Kritik an der Kirche wie eine Bereicherung für sie. Die amtspriesterliche Vermittlung des Heils schien kaum noch nötig zu sein, wenn Meister Eckhart lehrte: „Aus dem innersten [Seelen-]Grunde heraus sollst du alle deine Werke wirken." In Böhmen verließen „wilde Leute" – Männer und Frauen – die Zivilisation. Eine radikale Gruppe, die blutig ausgerotteten „Adamiten", ahmten die Ureltern des Paradieses nach. Anderswo durchbrachen Frauen durch Tarantismus, „Tanzwut", die Konventionen der Gesellschaft. Dieser blutig-närrischen Verkehrtheit im Zeichen von Endzeitstimmungen und Paradieserwartungen standen stillere Arten der Frömmigkeit gegenüber. Sie erwuchsen durch die freie Vereinigung von Laien und Priestern zum klösterlichen Leben ohne Gelübde, wie in der Windesheimer Kongregation 1387. Auch Ordensreformen vertieften die Frömmigkeit. Die Franziskaner teilten sich in Konventuale und strenge Observanten.

In England und Böhmen traten Reformer der Kirche mit nationalem Selbstbewußtsein hervor: der Oxforder Professor der Theologie John Wyclif (ca. 1330–1384) und der Prager Professor und Priester Jan Hus (ca. 1370–1415). Wyclif urteilte, in der Papstkirche herrsche der Antichrist, und forderte grundlegende Neuerungen zur Überwindung der Mißstände des Heiligenkults, der Reliquien, des Ablaßwesens, des Abendmahls. Hus übernahm viele Ideen des Oxforder Gelehrten mit ihrer antipäpstlichen Sprengwirkung. Wyclif konnte vor der strafenden Hand der Papstkirche durch den Adel und die Bürger Londons geschützt werden. Jan Hus hingegen erlitt 1415 das Schicksal des Ketzers. Er starb auf dem Scheiterhaufen. Sein Tod löste in Böhmen eine religiöse und revolutionäre Bewegung aus. Symbol dieses Reformationsversuchs war der Laienkelch, die Forderung nach Ausspendung des Abendmahls „sub utraque specie", in Brot und Wein.

Die zahlreichen Reformbestrebungen des Spätmittelalters gelten als „Vorreformation". Doch erst durch die Reformatoren Martin Luther (1483–1546), Jean Calvin (1509–1564) und Huldrych Zwingli (1484–1531) bündelten sich die Impulse zu einer breiten Bewegung mit zahlreichen Trägerschichten. Zunächst eine Erneuerungsbewegung der Theologie, Frömmigkeit und kirchlichen Praxis, entband die Reformation Wirkungen in Gesellschaft und Politik, die sie gleichermaßen zu einer Epoche der Christentums- wie der Allgemeingeschichte werden ließ. Die Zentren der Reformation lagen in Mitteleuropa: in Wittenberg, Genf und Zürich. Die Mitte des „Heiligen Römischen Reiches Deutscher Nation" war von ihr besonders intensiv berührt. Kirchenreform und Reform des Reiches griffen ineinander, so daß die „reformatio" auch ein Ausdruck von Umgestaltungen jenseits der Kirche war. Luther, Calvin und Zwingli, das Dreigestirn der Reformatoren, aus dem Luther durch die Tiefe seiner Theologie, seine Massenwirksamkeit und Sprachgewalt herausragte, beschäftigte sich nicht nur mit theologischen Themen. In den Schriften der Reformatoren spiegelt sich die gesamte damalige Lebenswelt von der Wirtschaft und dem Bildungswesen bis zur Politik. Luther, Zwingli und Calvin waren vor allem Theologen, doch auch Gesellschaftstheoretiker im denkbar umfassendsten Sinn. Calvin ist ursprünglich Jurist gewesen. Luther hatte vor seinem Eintritt ins Kloster ein juristisches Fachstudium begonnen.

Die systemsprengende Kraft der Reformation lag in ihrer Theologie. Durch die Lehre von der Zuwendung Gottes zum Menschen allein aus Gnade – sola gratia – machte die reformatorische Theologie den aufgeblähten und oft zweifelhaften Heilsapparat der römischen Kirche weithin gegenstandslos. Mit der Lehre von der göttlichen Gerechtsprechung des sündigen Menschen allein aus dem Glauben – sola fide – fiel das ausgeklügelte System der frommen Werke dahin, welches sich teilweise nach der Ware-Geld-Beziehung regelte: geistliche Ware (Sündenstrafennachlaß) gegen Geld. Und schließlich war die katholische Tradition mit ihrer Vorordnung der Kirchenlehre vor der Wahrheit der Bibel delegitimiert durch das Prinzip allein die Schrift – sola scriptura.

Mit dem dreifachen „sola" besaß die Reformation gemeinsame Ausgangspunkte. Bei der näheren Ausgestaltung ihrer theologischen Grundimpulse und ihrer Ethik gabelte sie sich in den lutherischen, den calvinistischen und den zwinglianischen Typus. Neuerdings wird bezweifelt, ob man überhaupt von „der Reformation" sprechen darf und nicht lieber von „den Reformationen" reden sollte, zumal das reformatorische Spektrum mit den Namen Luther, Calvin und Zwingli nicht abgedeckt ist. Reformatorische Ansprüche erhoben auch zahlreiche Gruppen jener Zeit: Täufer, Bilderstürmer, religiöse Sozialrevolutionäre und andere. In der Bezeichnung „Evangelici" kam bei allen Abstufungen, Widersprüchen und inneren Richtungskämpfen gleichwohl das Grundanliegen zum Ausdruck.

Ihre schnellen Wirkungen entfaltete die Reformation dank des aufblühenden Buchdrucks. Allein in den Jahren 1520 bis 1526 erschienen mehr als 7000 Flugschriften. Die Reformation markierte eine neue Stufe religiöser Kommunikation in der Geschichte des Christentums. Eine Massenbewegung war sie nicht von Anfang an. Sie erfaßte die Gesellschaft schub- und schrittweise und in regional unterschiedlicher Dichte. Den Kern bildeten zunächst Geistliche und humanistische Gelehrte. Luther, Calvin und Zwingli waren von tatkräftigen Mitarbeitern und Schülern umgeben, die ihnen an Bedeutung mitunter wenig nachstanden. Bald interessierte sich der niedere Adel für die neue Bewegung, vor allem aber das Bürgertum in den Städten und die Landbevölkerung. Der antiklerikale Effekt der evangelischen Bewegung war hier schnell erspürt. Aus Gründen, die sich in einer Mischlage von religiöser Ergriffenheit und politischem Kalkül darstellen, fand die Reformation seit 1525 zunehmend fürstliche Unterstützung. Das gilt vor allem für Luther. Ein politischer Religionskrieg zwischen den alten katholischen Mächten von Kirche und Reich mit Kaiser Karl V. an der Spitze und der evangelischen Bewegung war die Folge. Im Augsburger Religionsfrieden 1555 kam der Krieg zum Stillstand. Die Religionsparteien mußten sich gegenseitig dulden.

Die Landkarte Europas veränderte sich. Die Mitte, der Norden und der Osten des heutigen Deutschland wurden von der lutherischen Reformation durchdrungen, desgleichen der europäische Norden und Nordosten. In südwestdeutschen und westdeutschen Gebieten, in der frankophonen Schweiz und in Frankreich verbreitete sich der calvinistische Typus. Der zwinglianische Typus hatte den Schwerpunkt in der deutschsprachigen Schweiz, wirkte aber ebenfalls europaweit. Einen Sonderfall der Reformation stellt England dar. König Heinrich VIII. löste sich zwischen 1532/34 von Rom und machte sich zum „Supreme Head" der englischen Kirche, behielt aber die katholischen Formen weitgehend bei. Andererseits sättigte sich die englische Kirche mit Calvinscher und Zwinglischer Theologie an. Insofern bildete sich in der „Anglican Church" ein historischer Kompromiß zwischen Alt- und Neugläubigen.

In der Mitte des 11. Jahrhunderts hatten sich die Wege der Kirchen von Rom und Konstantinopel getrennt. Mit der Reformation des 16. Jahrhunderts war eine weitere Trennung eingetreten. Die Christenheit gliederte sich fortan nach dem Muster römisch-katholisch, orthodox (griechisch-orthodox, russisch-orthodox, orientalisch u. a.) reformatorisch-protestantisch, anglikanisch. Aus diesen Kirchentümern gingen immer weitere Verzweigungen hervor. Ob die Reformation noch ins Mittelalter oder schon zur Neuzeit gehört, ist umstritten. Feststeht in jedem Fall, daß sie weltweite Wirkungen auslöste.

8. Neuzeitlich-modernes Christentum

Die Reformatoren hatten gemeint, an der Wiederherstellung der „wahren Religion" durch Rückkehr zum Alten und Ursprünglichen zu arbeiten. Tatsächlich enthüllte sich die Rückwendung in die Vergangenheit als Schritt in die Zukunft. Aus der Fülle der seitherigen Entwicklungen schälen sich vier Elemente heraus, die das neuzeitlich-moderne Christentum prägten: die Konfessionalisierung, die weltweite Ausdehnung des Christentums, die Aufklärung und die Moderne.

In der Frühen Neuzeit entwickelten sich aus dem einstigen corpus christianum christliche Teilgesellschaften. Sie unterschieden sich voneinander nicht nur durch Bekenntnis und Kultus, sondern auch in ihrer alle Lebensbereiche durchdringenden unterschiedlichen konfessionellen Kultur. In den römisch-katholischen Gebieten herrschte ein anderer Geist als in den Regionen des Calvinismus oder in den lutherischen Gebieten. Der Katholizismus gewann durch das Konzil von Trient (1545–1563) eine veränderte Gestalt. Er aktualisierte einige Elemente der Tradition, hielt jedoch grundsätzlich an ihr fest. In dieser konservativ modernisierten Gestalt durchdrang der tridentinische Katholizismus die katholischen Territorien. Seine Stützen waren der Jesuitenorden, die Bischöfe und die weltlichen Territorialherren katholischen Bekenntnisses. Sozialgeschichtlich bedeutsam war die Vertiefung der Kluft zwischen Klerus und Laien. Der Klerus und die Orden galten als die Garanten katholischer Identität. Im Protestantismus war durch die Lehre vom Priestertum aller Gläubigen diese Grenze prinzipiell dahingefallen. Der seit Leopold von Ranke geläufige Begriff „Gegenreformation" zur Kennzeichnung der römisch-katholischen Entwicklung vom Konzil von Trient bis zur Mitte oder zum Ende des 17. Jahrhunderts ist kaum geeignet, die Eigenarten der Konfessionalisierung hinreichend zu charakterisieren. Die „konfessionellen Systeme" bildeten sich im Gegensatz der Bekenntnisse, doch gab es bei deren Durchsetzung „erstaunliche Parallelen" (W. Schulze).

In den Gebieten des Calvinismus entstand die christliche Teilgesellschaft auf dem Boden einer humanistisch grundierten Theologie und Ethik. Die schroffe Art, in der Calvin zu seinen Lebzeiten in Genf die Zügel geführt hatte, war für die reformierte Konfessionalisierung nicht durchweg typisch. Überdies verwandelte sich Genf im 17./18. Jahrhundert zu einer Hochburg freiprotestantischen Geistes. Im Blick auf die gesellschaftliche Dynamik des Calvinismus wurde in der Forschung die Frage gestellt, ob Jean Jacques Rousseau

(1712–1778) – auch er ein Bürger Genfs – nicht als „säkulari-
sierter Calvin" angesehen werden könne. Auffällig am Prozeß
der reformierten Konfessionalisierung war der hohe Anteil
von politisch-akademischen Eliten.

In weicheren Konturen vollzog sich die lutherische Konfessionalisierung. In den Territorien des Luthertums fand ein
besonders reiches Wechselspiel zwischen Theologie, Frömmigkeit, Kirchlichkeit und Lebenswelt statt. Entgegen einer
zählebigen Meinung war das Luthertum nicht so staats-
fromm, wie man ihm später nachsagte. In der Französischen
Revolution wurde Luther als Freiheitsheld gefeiert. Durch das
Zusammenspiel der Landesherrn, der Stände und der Geist-
lichkeit entwickelte sich eine unverwechselbare lutherische
Kultur. Der Verzicht auf eine selbständige Sozialethik machte
das Luthertum in den Wandlungen der gesellschaftlich-poli-
tischen Systeme anpassungsfähiger als andere Konfessionskulturen, freilich auch anfälliger für das „Ja" zum jeweiligen
Status quo.

Das Wort Kirche ließ sich seit der Reformation nur noch
im Plural buchstabieren: die Kirchen. Die Entwicklung war
unumkehrbar, wie im 17. Jahrhundert der Ausgang des
Dreißigjährigen Krieges (1618–1648) bewies. Blieb die eine,
heilige und allgemeine Kirche auch gemeinsames Glaubensgut, so war die Wirklichkeit von den Konfessionskirchen
bestimmt.

Neuzeit und Moderne sind Epochen der Kirchenpluralisie-
rung und zugleich die Zeit der Ausbreitung des Christentums
im Globalmaßstab. Die verschiedenen Konfessionskulturen
erlebten einen weltweiten Export. Das große Zeitalter der
Entdeckungen – beginnend mit der Erschließung des Seewegs
nach Indien durch Bartholomeu Diaz 1488, der Entdeckung
Amerikas 1492 und der Umsegelung des Kaps der Guten
Hoffnung durch Vasco da Gama – verband sich mit der
christlichen Durchdringung der außereuropäischen Welt. Die
römisch-katholische Mission entfaltete sich im 16. Jahrhundert unter dem Schutz der spanischen und portugiesischen
Krone. Die katholische Kirche sah in den iberischen Staaten

das weltliche Werkzeug Gottes zur Erfüllung der christlichen Universalmission. Die mittelalterlich-universalistische Vision des orbis christianus lebte nochmals auf. 1514 hatte der Gesandte Portugals vor Papst Leo X. erklärt: „Ja, du sollst herrschen von Meer zu Meer, vom Tiber bis an die Enden der Welt."

Die Aufspaltung der Christenheit in die Konfessionskirchen und -kulturen der Neuzeit schlug indes bald auch in der Mission durch. Seit dem frühen 18. Jahrhundert machten die Missionare des Protestantismus der katholischen Mission Konkurrenz. Die protestantische Schutzmacht war anfangs die dänische Krone. Der evangelische Missionspionier Bartholomäus Ziegenbalg aus Sachsen (1682–1719) nannte sich „königlich-dänischer Missionar". Konfessionell Trennendes sollte in der protestantischen Mission keine Rolle spielen. Die „Londoner Missionsgesellschaft", gegründet im Jahr 1792, entschied, den „Heiden" sei nicht eine besondere Form der Kirchenordnung zu bringen, „sondern die herrliche Botschaft Gottes". An den Realitäten der Mission besaß dieser fromme Wunsch kaum einen Anhalt. Die Konfessionskirchen Europas multiplizierten sich auf den außereuropäischen Missionsfeldern. Das gilt bis nach Sibirien. Zar Peter I. ließ die Ostjaken, Samojeden und andere sibirische Stämme in einer Mischung aus byzantinischen Vorstellungen und aufgeklärtem Absolutismus christianisieren.

Die Differenz und Konkurrenz der Konfessionskulturen war schon in der älteren Phase der neuzeitlichen Mission (16.–18. Jahrhundert) mit Händen zu greifen. Erst recht war das der Fall in der jüngeren, der kolonialen Phase der Mission (19. und frühes 20. Jahrhundert). Seit den 1890er Jahren strebte die Mission in Verbindung mit der kolonialen Machtentfaltung der Großmächte Europas einem Höhepunkt entgegen. Die Verschmelzung von Kolonial- und Missionspolitik – auch wenn Missionsanliegen und koloniale Landnahme teilweise zueinander in Spannung traten – vertiefte die konfessionell-kulturellen Unterschiede im Weltmaßstab und gab ihnen auch machtpolitisch eine veränderte Gestalt.

Durch die Aufklärung des 17./18. Jahrhunderts gerieten die Kirchen unter Rechtfertigungsdruck. Wortführer des „siècle des lumières" in Frankreich warfen der (katholischen) Kirche Priesterherrschaft und Obskurantismus vor. In England provozierte die konkurrierende Vielfalt der Kirchen und religiösen Denominationen die Frage nach der „true Christianity". Die englischen Deisten versuchten, hinter den Kirchenlehren eine allgemeine religiöse Wahrheit, die Religion der Natur bzw. der Vernunft, aufzudecken. Schon im ersten Drittel des 17. Jahrhunderts hatte Lord Herbert von Cherbury gemeint, von einer universalen Religion sprechen zu können, die bei allen Völkern zu Hause sei. Die Offenbarungsreligion des jüdisch-christlichen Kulturkreises erschien in dieser Perspektive bloß als historisch bedingte Sonderform einer höheren Religionserkenntnis. In Deutschland nahm die Aufklärung den Charakter der historischen Kritik an den Quellen und der Geschichte des Christentums an, dies mit dem Ziel der Erneuerung und Modernisierung des christlichen Glaubens auf dem Denk- und Existenzniveau des damaligen Zeitalters. Die Aufklärung in Deutschland war in erheblichem Ausmaß von akademischen Theologen getragen, außerdem von Kirchenmännern, die nach einem sittlich geläuterten und im Alltag verankerten Glauben strebten. In Rußland stand die Aufklärung durch die „Semiramis des Nordens", Zarin Katharina II., unter dem Vorzeichen der Einholung des Modernitätsdefizits gegenüber Westeuropa. Sie trug in erster Linie staatspolitische und kameralistische Züge.

Auch wenn die Aufklärung nicht einseitig als „Prozeß gegen das Christentum" zu deuten ist, so setzte sie Entwicklungen frei, welche das Christentum in eine „Umformungskrise" bisher nicht gekannten Ausmaßes schleuderten. Der Weltbildwandel durch die Naturwissenschaften erschütterte die biblischen Schöpfungsgeschichten. Die allmähliche Umschichtung der agrarisch-ständischen Gesellschaft zur Bürger- und Industriegesellschaft machte breite Segmente der christlichen Tradition, die auf vorbürgerliche Zustände bezogen waren, unmodern. Die Globalisierung des kulturellen Bewußtseins –

1766/69 leitete Bougainville die erste französische Weltum-
seglung – ließ das Christentum als Gewächs eines bestimmten
Kulturkreises erscheinen. Wie „absolut" konnte eine Religion
des vorderorientalischen und hellenistischen Kulturkreises
sein? Waren nicht auch der Buddhismus und der Hinduismus
schätzenswert? Hinzu kam die Vertiefung des Wissens über
den geschichtlichen Charakter der Welt durch die aufblühenden historischen Wissenschaften. Die althergebrachten Kon-
zepte der „Heilsgeschichte" fielen dahin. Vergangenheit, Gegenwart und Zukunft wurden zu offenen, unabschließbaren
Räumen der historischen Deutung und zukünftigen Erwartung. Friedrich Schlegel, einer der sensibelsten Zeitgenossen
am Ausgang des Jahrhunderts der Aufklärung, sah sich als
„Kain des Weltalls": ausgestoßen aus aller Sicherheit. Sein
Generationsgenosse Friedrich Schleiermacher (1768–1834),
der bedeutendste protestantische Theologe nach Luther, Calvin und Zwingli, sprach 1799 von einer Zivilisationsschwelle,
an der sich das Schicksal der Religion im Bewußtseinshaushalt
der Menschheit entscheide.

Nochmals in eine Umformungskrise geriet das Christentum
im Übergang der Neuzeit zur Moderne seit dem letzten Drittel
des 19. Jahrhunderts. Die traditionalen Gesellschaften lösten
sich nunmehr endgültig auf und nahmen pluralistische Gestalten an. Die wachsende Vielfalt der gesellschaftlichen Milieus
und persönlichen Lebensstile wirkte auf viele Zeitgenossen
wie eine Anarchie der Werte. Die Angebote der Kirchen zur
Sinnsteuerung der Gesellschaft und zur individuellen Daseins-
bewältigung unterlagen der Konkurrenz neuer Weltanschau-
ungen. Auf den Verlust ihrer Leitfunktion reagierten die Kirchen unterschiedlich. Die kirchliche Orthodoxie kämpfte für
die neue Festigung der „rechten Lehre". Vertreter des theologischen Liberalismus arbeiteten an einem Kulturchristentum,
mit dem sie verlorenes Terrain zurückzugewinnen hofften. Eine kirchliche Dauersorge in den europäischen Kerngebieten
des Christentums waren die schrumpfenden Zahlen der akti-
ven Kirchenchristen bei nominell aufrechterhaltener Christ-
lichkeit der Gesellschaft. In Frankreich zogen die Gesetze von

1905 allerdings schon eine klare Trennlinie zwischen laizistischer Gesellschaft und kirchlicher Traditionskultur. Das innere Antriebselement der Moderne war die Polyzentrik. Sie verwandelte die „eine" Gesellschaft in viele Gesellschaften. Diese Entwicklung theologisch und spirituell zu verarbeiten, fiel den Kirchen nicht leicht – ebensowenig wie den Politikern, den Philosophen, Soziologen und Künstlern.

In dem halben Jahrhundert zwischen 1880 und 1930 entstand in Europa das Zeitalter der Ideologien und Diktaturen. Sie bildeten Gegenentwürfe zur Welt der Moderne, obwohl sie in Wirtschaft und Technik durchaus modern sein konnten. Der Versuchung, die Uneindeutigkeit und Komplexität der Moderne durch deren Beseitigung zu erledigen, erlagen nicht wenige Kirchenführer und Christen dort, wo die autoritären oder diktatorischen Systeme eine Nähe zu christlichen Werten zeigten oder suggerierten: zum Beispiel in Italien, Spanien, Portugal, Ungarn, Polen und im nationalsozialistischen Deutschland. Christlicher Widerstand erwachte erst unter eigenen Verfolgungserfahrungen. In der Sowjetunion beugte sich die Russisch-Orthodoxe Kirche der atheistischen Diktatur, sah in Lenin oder Stalin jedoch keinen politischen Messias.

Die Zeit von 1917 bis 1945 war überschattet von weltgeschichtlichen Katastrophen. Nicht von ungefähr sind die Jahrzehnte der totalitären Diktaturen von Rechts und Links christentumsgeschichtlich zugleich das Zeitalter der werdenden Ökumene. In den Kirchen erwachte der Wille, sich auf dem gemeinsamen Boden der christlichen Botschaft zusammenzufinden. Die Verflechtung des Christentums in die jeweiligen politischen Systeme warf die Frage nach einem neuen Kirchenverständnis auf. Was in der ökumenischen Bewegung bis 1945 vorgebildet war, entwickelte sich nach der Teilung der Welt in zwei antagonistische Machtblöcke weiter. Die Weltkirchenkonferenz in Amsterdam 1948 stand unter dem Generalthema „Die Unordnung der Welt und Gottes Heilsplan". Die römisch-katholische Kirche, institutionell an der ökumenischen Bewegung und ihren Gremien nicht beteiligt, entwikkelte ihrerseits in einer Fülle von Enzykliken, vor allem aber durch das 2. Vatikanische Konzil (1962–1965), neue Perspektiven für die Kirche.

Christentumsgeschichtlich nicht weniger wichtig war in der Zeit nach dem Zweiten Weltkrieg die Auflösung der letzten Kolonialreiche. Die Opposition der Völker der „Dritten Welt" formierte sich vielfach unter Christen. Der kirchliche Bereich bot Freiräume politischer Sammlung, beispielsweise auf dem afrikanischen Kontinent. Die Dekolonialisierung markierte das Ende der europäischen Weltherrschaft. In bestimmten Phasen der Dekolonialisierung begegnete mitunter die Meinung, die Christen Europas hätten außerhalb ihres „eigenen Kontinents" nichts mehr zu suchen. Die Entwicklung des Christentums in Afrika und Asien sei ausschließlich Angelegenheit der einheimischen Kirchen. Das wachsende Selbstbewußtsein der Christen in der Dritten Welt machte die Abwehr europäischer Einmischungen vielerorts gegenstandslos. Schrittweise entwickelten sich neue Formen der Gemeinschaft zwischen den christlichen Kirchen der einstigen Kolonialmächte und den „Jungen Kirchen". In den Kirchen Afrikas und Asiens entstand eine neue Offenheit für das europäische Christentum. Umgekehrt lernten die Christen Europas in den „Jungen Kirchen" eine Lebendigkeit des Glaubens schätzen, die für sie Vorbildwirkung besitzt.

II. Christlicher Glaube: Grundlagen, Inhalte, Formen

1. Das Neue Testament

Die Glaubensurkunde der Christen ist das Neue Testament. In der christlichen Bibel ist es mit dem Alten Testament zu einem Buch zusammengeschlossen. Über die Art des theologischen Zusammenhangs zwischen Altem und Neuem Testament gehen die Meinungen auseinander. Bieten die religiösen Urkunden Israels lediglich die religionsgeschichtliche Folie für das Christentum? Sind sie Schatzkammern einer Frömmigkeit, aus der auch die Christen leben, auf die sie notfalls jedoch verzichten könnten? Oder sind Altes und Neues Testament in einer „biblischen Theologie" untrennbar aufeinander bezogen?

Die christliche Auslegung des Alten Testaments – heute mitunter auch „Erstes Testament" genannt – unterscheidet sich von der jüdischen Bibelauslegung durch ihre messianischen Deutungsinteressen. So benutzt die christliche Auslegungstradition zum Beispiel Jesaja 7,14 (Geburt des Sohnes Immanuel durch eine junge Frau) als Vorausblick auf die Geburt Jesu. Das Opfer Isaaks (1. Mose 22) wurde häufig als Präfiguration von Jesu Kreuzigung verstanden. Über lange Zeiträume der Christentumsgeschichte hinweg war der Kontakt zur jüdischen Schriftauslegung abgebrochen oder empfindlich gestört. Andererseits kennt die Tradition ermutigende Beispiele gemeinsamer Bemühungen um das Verständnis des Alten Testaments, an welche Theologie und Exegese der Gegenwart anzuknüpfen vermögen. Im jüdisch-christlichen Dialog ist die Bestimmung des Verhältnisses der christlichen Tochterreligion zum Judentum ein herausragendes Thema.

Das Neue Testament, die Glaubensurkunde der Christen im engeren Sinn, besteht aus einer Sammlung von siebenundzwanzig Schriften: den vier Evangelien, der Apostelgeschichte, einundzwanzig Briefen und der Offenbarung des Johannes. Die Verfasserangaben suggerieren die Herkunft von Jüngern Jesu, Aposteln und Apostelschülern. Eine Ausnahme bildet der Brief an die Hebräer, der indes in der Alten Kirche (wenn auch nicht unangefochten) als Brief des Apostels Paulus galt. Tatsächlich ist die Verfasserschaft einiger Schriften, und dies von alters her, umstritten. Auch gestattet ihre Anordnung nach literarischen Gattungen keinen Rückschluß auf ihre Entstehungszeit, ebensowenig wie der Eindruck der ereignisgeschichtlichen Ordnung, der sich bei ihrer Lektüre herstellt. Die ereignisgeschichtliche Regie setzte die Evangelien als Beschreibung von Jesu Wirken an den Anfang und ließ die Apostelgeschichte als Darstellung der frühen Geschichte der Ekklesia folgen. An sie schlossen sich die Briefe von Paulus, Jakobus, Petrus, Johannes und Judas an. Die Offenbarung des Johannes, letzte Schrift des Neuen Testaments, stand für die Zukunft.

So sinnvoll die (Heils-)Chronologie gedacht und durchgeführt ist, sie überdeckt die unterschiedlichen Entstehungszeiten der Schriften. Auch die Spannungen zwischen ihren Aussagen und die diffizilen Verfasserprobleme treten in den Hintergrund. Ordnete man die siebenundzwanzig Schriften nach ihrer realen Entstehungszeit, würde am Anfang des Neuen Testaments der 1. Thessalonicherbrief stehen, geschrieben um 50, gefolgt von weiteren Briefen des Apostels Paulus, sodann vom Markusevangelium, das kurz vor dem Jahr 70 entstand. Alle weiteren Schriften sind in die Jahre von 80/90 bis in die Zeit um 130/140 (2. Petrusbrief) zu datieren.

Was veranlaßte die Christen der antiken Welt zur Sammlung jener Schriften, und welche Auswahlkriterien legten sie zugrunde? Die Schriften sind Dokumente der Verkündigungsgeschichte. Sie dienten der religiösen Vergewisserung des neuen Glaubens und dem Aufbau von Autorität im konkurrierenden Feld der Religionen. In den allerersten Anfängen genügten den Christen die „hagiai graphai", die heiligen Schriften Israels, die sie im Licht der Jesusbotschaft deuteten. Jedoch besaß die mündlich weitergegebene, ab 50/60 dann auch schriftlich niedergelegte Jesustradition von Anbeginn ihr eigenes Gewicht. Beim Übergang vom aramäischen Sprachbereich Palästinas in die hellenistische Welt wurden Umformulierungen des „Euangelion", der frohen Botschaft, in andere

Sprach- und Denkstrukturen notwendig. Umformulierung be-deutete Weiterbildung.

Die generative Kraft beim Aufbau immer weiterer religiöser Sätze mit der Rückendeckung der göttlichen Offenbarung brachte wesentlich mehr Texte hervor, als wir sie heute im Neuen Testament finden. Den ersten Versuch, einen Kanon der heiligen Schriften der Christen zu bilden, unternahm um 140 der nachmals als Ketzer verfluchte Markion aus Sinope (Kleinasien). Er ließ lediglich zehn Briefe des Paulus und das Lukasevangelium gelten. Alles andere, eingeschlossen den jü-dischen Schriftenkanon, stieß er von sich. Überdies hatte er auch Paulus von angeblichen „jüdischen Verfälschungen" ge-reinigt. Mit seinem Kanon hatte Markion einen Stein ins Wasser geworfen, der breite und irritierende Wellen schlug. Außerdem legten der religiöse Sog der christlichen Gnosis und eine apokalyptische Kirche der Endzeit, die um 170 großen Zulauf hatte, kanonische Klärungen nahe. Für das Ende des 2. Jahrhunderts ist erstmals ein (noch privates) Verzeichnis bezeugt, das weitgehend mit dem uns heute vertrauten Schrif-tenkanon des Neuen Testaments übereinstimmt, der berühmte „Canon Muratori". Auswahlkriterien waren urchristliche Herkunft und apostolischer Lehrgehalt der Schriften. Sachlich und chronologisch standen die Kriterien auf wackligen Füßen. Jedoch darf das historisch-kritische Bewußtsein der Neuzeit nicht als Argument der Falsifikation verwendet werden. Reli-giöse Autoritäts- und kirchliche Traditionsbildung unterlagen in antiker Zeit ihrer eigenen Dynamik.

Der Umfang des neutestamentlichen Schriftenkanons blieb noch lange fließend. Zuerst verzeichnete Bischof Athanasius von Alexandria im Jahr 367 die heute gültigen siebenund-zwanzig Schriften in einem Osterfestbrief. Bei ihm findet sich auch die erste Erwähnung des Begriffs Kanon (wörtlich: Richtschnur, Regel). Eine weitere Liste legte eine Synode in Rom 382 vor. Sie enthielt auch die Schriften Israels. Weitere Synoden im lateinischen Westen schlossen sich an. Der alex-andrinische Bischof und die lateinischen Synoden trafen ihre Entscheidungen nicht im luftleeren Raum. Sie qualifizierten einen gegebenen Zustand: den weithin längst eingebürgerten Gebrauch dieser Schriften.

Ein gewisser Zirkelschluß bei der Kanonisierung der Schriften des Neuen Testaments scheint unverkennbar. Einerseits gilt diese Sammlung als normgebend für die Kirche, andererseits ist der Kanon ein Produkt der Kirche. Insofern ist die Rede von der Schrift als Norm der Kirche mißverständlich. Die Norm entstand nicht ohne die Tradition. Beide, Norm und Tradition, waren nicht denkbar ohne eine Norm in der Norm und eine Tradition in der Tradition. Diese Umstände verweisen auf die Sache selber, die in und hinter der Norm (Text) und der Tradition (Leben der Kirche) erscheint.

Der Sammelbegriff „Neues Testament" kam im 3. Jahrhundert auf. *Testamentum* ist das lateinische Äquivalent für das griechische Wort *Diathekè*. In der griechischen Version des Alten Testaments, der Septuaginta, steht Diathekè für das hebräische Wort *B'rit* (Bund). *B'rit* war im Verständnis Israels keine zweiseitige Abmachung, sondern die Willensbekundung des allein maßgebenden Gottes. Nach christlichem Verständnis folgt dem alten Bund, der Willensbekundung Gottes auf dem Sinai, der neue Bund, und auch er war mit Blut besiegelt (Hebräerbrief 10, 29).

Anders als beim Koran, der nur im arabischen Original gültig ist, ist Gottes Wort nach christlicher Überzeugung nicht an das Koinè-Griechisch der Schriften des Neuen Testaments gebunden. Gottes Botschaft schlägt durch alle Sprachen und Idiome durch. Der Rückgang auf das Original bleibt gleichwohl unverzichtbar. Die Zahl der Handschriften und Fragmente, die zur Herstellung der frühesten Gestalt der einzelnen Schriften zur Verfügung stehen, liegt derzeit bei etwa 5 500. Mit seinen vielen Tausenden Übertragungen in andere Sprachen ist das Neue Testament bzw. die christliche Bibel das am häufigsten übersetzte Buch der Weltgeschichte.

Theologie, Liturgie, Predigt und christliches Leben finden ihren Ausgangs-, Mittel- und Endpunkt in der Botschaft des Neuen Testaments. In diesem Sinne ist die Geschichte des Christentums die Geschichte des „Neuen Bundes". Die Methoden der Deutung der religiösen Urkunden des Christentums haben sich im Verlaufe der Jahrhunderte erheblich gewandelt. Erhoben die Exegeten der Alten Kirche einen mehrfachen „Schriftsinn" – allegorisch, geistlich, buchstäblich u. a. –, so bildet in der neueren Geschichte die historisch-kritische Methode das Fundament. Die Heilige Schrift braucht keine Illuminierung durch Sonderdeutungen, um ihre Botschaft zu Gehör zu bringen. Die historisch-kritische Methode bietet ein verläßliches Instrument zu ihrer Erschließung.

2. Glaubensbekenntnisse, Dogmen

In den Schriften des Neuen Testaments finden sich keine Dogmen, kirchlich autorisierte Aussagen über den christlichen Glauben. Es bereitet erhebliche Mühe, selbst unterhalb der Stufe des Dogmas feste Glaubensregeln oder gar Glaubensbekenntnisse zu finden. Ein gemeinsamer Bestand von Glaubensüberzeugungen ist vorhanden, jedoch nicht in zitierbare Formeln gefaßt. Allenfalls könnte man die Losung „Kyrios Iesous" als Bekenntnis des Glaubens im Keimstadium bezeichnen. Wie die Formulierungen des Glaubens außerhalb der Schriften des Neuen Testaments, doch im stetigen Bezug auf sie, im frühen Christentum gewachsen sind, ist in vielen Punkten unsicher. Ein treibendes Element war das Wort im Matthäusevangelium: „Darum gehet hin und machet zu Jüngern alle Völker; taufet sie auf den Namen des Vaters und des Sohnes und des heiligen Geistes" (28, 19).

In der Frühzeit begegnen Glaubensregeln, das heißt die freie Zusammenfassung der apostolischen Verkündigung, von unterschiedlichem Typ. Sie konnten christologisch ausgerichtet sein, binitarisch (Vater – Sohn) und trinitarisch (Vater – Sohn – Heiliger Geist). Noch wenig geprägte Formeln finden wir bei Justin dem Märtyrer: „Aber wir verehren und verherrlichen /Ihn [den wahren Gott]/ und den Sohn, der von Ihm kam und uns diese Dinge lehrte ... / und den prophetischen Geist" (Apologie I, 6, 2). Das Bedürfnis, die „Regel des Glaubens" zu fixieren, wuchs in dem Maße, wie auch andere Teile der

christlichen Lehr- und Kultpraxis ihren schriftlichen Nieder-
schlag fanden, etwa die Gebete. Die Zahl der Glaubensregeln
stieg im 3. Jahrhundert deutlich an. Die Flut der heidnischen
Konvertiten machte – ebenso wie die inneren theologischen
Klärungen – klare Richtpunkte nötig.

Zum Leitfaden einer volkstümlichen Theologie wurde das
griechisch und lateinisch überlieferte altrömische Bekenntnis.
Entstanden ist es wahrscheinlich im 3. Jahrhundert, bezeugt
erst später. Wichtigster Zeuge für das altrömische Bekenntnis
in seiner lateinischen Gestalt ist der Presbyter Rufinus von
Aquileja mit seinem „Commentarius in symbolum aposto-
lorum" (um 404). Das Bekenntnis formuliert den Glauben
„an Gott den Vater, den Allmächtigen; und an Jesus Christus,
seinen eingeborenen Sohn, unseren Herrn", sowie „an den
Heiligen Geist, die heilige Kirche, die Vergebung der Sünden,
die Auferstehung des Fleisches". Außerdem werden bekannt:
die Geburt Jesu „de Spiritu sancto et Maria Virgine" („vom
Heiligen Geist und der Jungfrau Maria"), die Kreuzigung unter Pontius Pilatus, die Auferstehung und Jesu Sitz zur Rechten des Vaters, „von dannen er kommen wird, zu richten die
Lebendigen und die Toten". In den folgenden Jahrhunderten
erlebte das altrömische Symbol seine Auffüllung mit dem in-
zwischen erarbeiteten Lehrbestand. Das heute verwendete
„Apostolische Glaubensbekenntnis" geht auf spätere Formen
des „Romanum" zurück.

Der altkirchliche Osten brachte kein dem altrömischen
Symbol vergleichbares Bekenntnis hervor. Aus der buntschek-
kigen Masse der vielen östlichen Lokalbekenntnisse vermochte kein Text übergeordnete Geltung zu erlangen – vielleicht
eher ein Zeichen der Lebendigkeit als der Schwäche.

Ein revolutionärer Einschnitt ereignete sich im 4. Jahrhundert. Trugen bis dahin alle Glaubensregeln und -bekennt-
nisse lokalen Charakter, so entstanden nunmehr Bekenntnisse
mit gesamtkirchlichem Geltungsanspruch. Die Gremien dafür
waren Bischofssynoden. Beim ersten ökumenischen Konzil in
Nizäa galt es, eine rechtgläubige Formel zu finden, die das
Wesensverhältnis zwischen Gott (Vater) und dem Gottessohn

beschrieb. Die Christen der ersten Jahrhunderte hatten der antiken Welt stets die Menschwerdung Gottes, seine Inkarnation (Fleischwerdung) vor Augen gerückt. Daraus erwuchs die Frage, ob einem fleischgewordenen (und somit sterblichen und leidenden) Gott die volle Gottesqualität zukomme. War der Gottessohn wesens*eins* mit dem Vater? War er ihm nur wesens*gleich*, wesens*ähnlich* oder ihm gar wesens*unähnlich*? War Jesus Christus im vollen Sinne Gott, oder vielleicht bloß ein Halbgott oder weniger noch: ein sterblicher Mensch? Eine krisenhafte Zuspitzung löste der Presbyter Arius in Alexandria 318/19 aus. In Aufnahme des kaiserzeitlichen Platonismus behauptete er Gottes absolute Transzendenz. Dem inkarnierten Gott erkannte er nur einen Vorrang vor allen Geschöpfen zu, nicht aber die volle Gottheit. Den dogmatischen Weg auf dem hart umkämpften Gelände der uneingeschränkten Bezeugung des Inkarnierten als Gott zu bahnen, erwies sich als außerordentlich schwierig. Die Konzilsväter von Nizäa bekannten im Jahr 325 die volle Gottheit des Gottessohns: Jesus Christus sei „wahrer Gott aus wahrem Gott".

Im Bekenntnis von 325 war vom Heiligen Geist noch keine Rede. Warum seit der Mitte des 4. Jahrhunderts ein Teil der Christen für die Gottheit nun auch des Heiligen Geistes eintrat, ein anderer Teil jedoch (die „Pneumatomachen") dieses Bestreben bekämpfte, ist bis heute nicht völlig klar. Befürchteten die „Geistbekämpfer" eine polytheistische Zersplitterung Gottes, ein Versinken des christlichen Glaubens in pagane Götterideen? Die Entscheidungen auf dem zweiten ökumenischen Konzil von 381 in der Kaiserstadt Konstantinopel bezogen den Heiligen Geist ein. Die Konzilsväter qualifizierten den christlichen Gottesglauben als trinitarischen Monotheismus. Gott ist dreieinig: Vater, Sohn und Heiliger Geist. Beim Heiligen Geist war das volle Gottesprädikat vermieden, doch lagen die Formulierungen dicht an der Schwelle dieser Aussage. Gemäß der Konzilsentscheidung von 381 besteht Gottes Sein („Ousia") in drei Seinswesen oder Wesenheiten. Von Gott ist die ewige „Unerzeugtheit" angenommen, von Christus die ewige „Erzeugung" und vom „pneuma to hagion", dem Heiligen Geist, das ewige „Hervorgehen". Ob der Heilige Geist gleichermaßen vom Vater und vom Sohn ausgeht, war später eine Streitfrage, welche die Ostkirche und die Westkirche trennte. In der lateinischen Kirche setzte sich im 10./11. Jahrhundert die Wendung „ex patre filioque" („vom Vater und vom Sohn") durch. Das numinose Paradoxon Drei = Eins und Eins = Drei ist mit rationalen Denkoperationen nicht einholbar. Die Trinität ist, wie Philipp Melanchthon mehr als tausend Jahre später betonte, Gegenstand der Anbetung: „Die Geheimnisse der Gottheit werden wir richtiger anbeten, als daß wir sie erforschen."

Eine weitere Fundamentalentscheidung fiel 451 in Chalkedon. Im Mittelpunkt stand jetzt die „christologische Frage". Wenn Jesus Christus, der deus incarnatus, „wahrer Gott aus wahrem Gott" war: wie bestimmte sich dann das Verhältnis seiner beiden „Naturen" Gott und Mensch zueinander? Inwiefern konnte Jesus Christus wirklich Mensch und zugleich im vollen Umfang Gott sein? Bischof Kyrill von Alexandria, Vertreter der Lehre von *einer* gottmenschlichen Natur Christi, warf seinen Gegnern vor: „Wir verteilen nicht die Aussprüche unseres Heilands in den Evangelien auf zwei Hypostasen oder Personen ... Denn Christus ist nicht doppelt, sondern nur ein Einziger." Als orthodox erklärt wurde jedoch die Lehre von den zwei Naturen des Gottessohns. Das Konzil der Bischöfe verkündete, Jesus Christus sei „wahrhaft Gott und wahrhaft Mensch aus vernunftbegabter Seele und Leib". Die beiden Naturen seien in dem einen Herrn Jesus Christus „unvermischt, unveränderlich, ungetrennt und unteilbar zu erkennen". Damit war dem Menschsein Gottes ebenso Genüge getan wie dem Gottsein des irdischen Menschen Jesus – eine unverzichtbare Entscheidung für den christlichen Erlösungsglauben. Ein bloßer Mensch besitzt keine heilsverbürgende Kraft. Umgekehrt muß ein Gott, der ohne Menschennatur auf Erden wandelt, das Menschsein des Gottessohns zur schein- und geisterhaften Chimäre herabsetzen.

Das dritte alte Glaubenssymbol der Christenheit neben dem Trinitätsdogma von 325/381 und dem christologischen Dogma von 451 ist das Bekenntnis „Quicumque", wahrscheinlich zwischen 430 und 500 in Südfrankreich verfaßt. Sachlich nur in Akzenten von den beiden anderen Symbolen unterschieden, erlangte es im Westen wie im Osten erhebliche Bedeutung. In der Liturgie fand es gleichrangige Verwendung mit dem „Apostolischen Glaubensbekenntnis" und dem Nicaeno-Constantinopolitanum. Die Schlußwendung des „Quicumque" bekräftigte: „Dies ist der katholische Glaube. Wer auch immer diesen nicht treu und standhaft glaubt, wird nicht gerettet werden können."

Die Heilige Schrift und die altkirchlichen Dogmen sind Grundlage für die Lebensäußerungen der christlichen Kirche. Das gilt für den Gottesdienst, für das Handeln der Christen in der Welt und für die christliche Selbst- und Weltdeutung in der Theologie. Die Stellung der Kirchen zum Dogma ist unterschiedlich. In der römischen Kirche und in den Kirchen der Orthodoxie ist die Anerkennung des Dogmas heilsnotwendig. Es gilt als geoffenbarte Wahrheit, welche durch die Kirche vermittelt wird. Weil das Dogma in den Kirchen der Orthodoxie vor allem kultisch-liturgisch vergegenwärtigt wird (Anbetung), tritt hier die für die römische Kirche charakteristische Auffassung, die Dogmenbildung sei ein fortschreitender Lehrprozeß, in den Hintergrund. Die römische Kirche setzt ihre Lehrautorität immer wieder ein. Die Mehrzahl ihrer Lehraussagen verbleibt jedoch unterhalb des Dogmas in seinem vollen Sinn. Im 19./20. Jahrhundert dogmatisierte die römische Kirche die unbefleckte Empfängnis Marias (1864), die Unfehlbarkeit des päpstlichen Lehramts in Glaubens- und Sittendingen (1870) und die Lehre von der leiblichen Aufnahme der Gottesmutter in den Himmel (1950). Die nicht-römischen Kirchen sehen im Unfehlbarkeitsdogma das größte Hindernis bei der Wiedervereinigung der Christenheit.

In den Kirchen der Reformation wie auch im Anglikanismus steht das Dogma hinter der Schrift zurück. Das Dogma ist Teil der kirchlichen Tradition und kann nicht gleichen Rang beanspruchen wie die Schrift. Unbeschadet dessen sahen sich die Reformatoren des 16. Jahrhunderts bei der Bildung eigener Glaubensaussagen den Bekenntnissen der Alten Kirche besonders verpflichtet. Am Trinitätsdogma und am christologischen Dogma führte auch für sie kein Weg vorbei. In den Filiationen der großen Reformationskirchen, den Freikirchen und Denominationen, schwankt die Stellung zum Dogma vom „Ja" bis zur Ablehnung.

Die neuzeitlich-moderne Tendenz, das christliche Leben der Lehre voranzustellen und den Glauben ausschließlich in der persönlichen Beziehung zu Gott zu verantworten, führte zu Entwürfen eines dogmenfreien Christentums. Andererseits erfuhr das Dogma in der ökumenischen Bewegung des 20. Jahrhunderts eine Aufwertung. Die Kirchen der Ökumene schätzen in den altkirchlichen Dogmen Grundlagen ihrer Gemeinsamkeit. In den ökumenischen Diskussionen geht es um den Ausgleich der unterschiedlichen Auslegung der alten Dogmen und um die Prüfung all jener trennenden Lehren, die sich im Verlauf der Geschichte gebildet haben.

3. Die Kirche

Der christliche Glaube ist keine Privatreligion. Christen verstehen sich als Glieder der Ekklesia, des messianischen Gottesvolkes. Entsprechend den Aussagen des Neuen Testaments gilt die Ekklesia als „Soma Christou" (Leib Christi) und Christus als ihr Haupt. Das Neue Testament hält noch weitere Bilder bereit: das Bild vom Weinstock und den Reben, vom Bräutigam und der Braut, vom guten Hirten und seiner Herde oder vom königlichen Priester und seinem Tempel.

Die Schwierigkeit, mit der Ekklesia umzugehen, liegt in der Vielfalt der Möglichkeiten bei ihrer Betrachtung. Wenn Soziologen, Politologen, Historiker sich mit der Kirche beschäftigen, erscheint sie als Institution mit speziellen Motiven und Zielen: eine empirisch vermeßbare Größe. Welche Techniken der Binnen- und Außenkommunikation verwendet sie? Welche Formen der Eliterekrutierung benutzt sie? Welche Kräfte entfaltet sie zur Selbstüberwachung und Steuerung innerhalb anderer gesellschaftlicher Systeme? Wie sieht ihre historische

Entwicklung aus, und wie verhalten sich Anspruch und Wirklichkeit zueinander?

Im Licht des Glaubens erschöpft sich die Kirche nicht in ihren empirischen Erscheinungsformen. Sie ist eine transempirische Größe, Gegenstand des Glaubens. Die transempirische Dimension kommt auch darin zum Ausdruck, daß die vielen Kirchen in den Horizont der einen Kirche gestellt sind. „Ich glaube an die heilige christliche Kirche", heißt es im „Apostolischen Glaubensbekenntnis" und ganz ähnlich im Nicaeno-Constantinopolitanum. Dort wird von den Christen die „eine, heilige, allgemeine und apostolische Kirche" bekannt. Die Bestimmung der Zusammengehörigkeit und Differenz von empirischer und transempirischer Kirche als Institution und als Glaubensgut gehört zu den sensibelsten Themen des Christentums.

Gegenstand des Glaubens ist die Kirche deshalb, weil in ihr Gott als gegenwärtig gilt. Die Kirche ist Gottes Kirche, insoweit dem Menschen unverfügbar, was immer er auch in der empirischen Institution tut oder läßt. In der Kirche ist inmitten der „alten Zeit" die neue Zeit des Heils angebrochen. In der Erwartung der Vollendung der neuen Zeit dient die Kirche dem Aufbau des Leibes Christi durch die Taufe, durch die Verkündigung des Evangeliums und die Ausspendung des Abendmahls. Im Abendmahl bietet sich Christus den Gläubigen selber zur Gemeinschaft an („Das ist mein Leib"). Die Aufnahme in die Kirche – nach Lage der Dinge in die jeweilige Lokalkirche – erfolgt durch die Taufe. Durch das Bekenntnis zu der einen Kirche ist der Getaufte auch Glied jenes höheren Glaubensverbandes, was jedoch nicht heißt, er wäre in allen Lokalkirchen als praktizierender Christ umstandslos zugelassen.

Kirchenrechtlich gehört jeder ordnungsgemäß Getaufte zur Kirche. Ist er damit auch schon wirkliches Glied am Leibe Christi? Das Problem durchzieht die Glaubensgeschichte der Christen in Wellenbewegungen und in wechselnder Intensität. Heilsverbürgende Kraft besitzt die Zugehörigkeit zur Kirche noch nicht, auch dann nicht, wenn sich Christen durch besondere Frömmigkeit und Tun des Gerechten auszeichnen. Über allem steht die Unverfügbarkeit des göttlichen Handelns an jedem einzelnen Menschen, gleichviel ob aktiver Christ, bloß nomineller Christ oder sogar Nichtchrist.

Die unterschiedlichen Formen der Kirchenorganisation in den Lokalkirchen verbinden sich mit tiefgreifenden Legitimationsproblemen religiöser Natur. Wer ist zum geistlichen Amt befugt, und wie versteht sich die Abstufung der Ämter in der Kirche? In der römischen Kirche ist bei der Weihe von Geistlichen die apostolische Legitimation unerläßlich. Die „traditio apostolica", die Weitergabe der Lehre der Apostel, ist verknüpft mit dem Prinzip der „successio apostolica", der apostolischen Nachfolgeordnung. Die apostolische Nachfolgereihe setzt sich bei jeder Priesterweihe durch den Bischof fort. Gerechnet wird die Sukzessionskette in der römischen Kirche von Petrus her. Auch die Kirchen der Orthodoxie halten an der apostolischen Sukzession fest, lehnen indes die „petrinische" Engführung der römischen Kirche ab. Die Apostolizität der Geistlichen verbürgt sich in den orthodoxen Kirchen durch Geistmitteilung und Handauflegung in apostolischer Tradition. Ähnliches gilt für den Anglikanismus, die Altkatholische Kirche und andere. Die Amtsträger der Reformationskirchen erlangen ihre Vollmacht durch die kirchliche Berufung in den Dienst der Wortverkündigung und Sakramentsverwaltung nach vorheriger Verpflichtung auf die Heilige Schrift und die Bekenntnisschriften. In den apostolischen Sukzessionskirchen gelten sie, graduell unterschiedlich, als nicht bzw. nicht ausreichend legitimiert.

Das Prinzip der Hierarchie (wörtlich: heilige Herrschaft) findet je nach Kirchentyp und Glaubensstand ganz unterschiedliche Bewertungen. Seine stärkste Ausprägung fand das Hierarchieprinzip in der römischen Kirche, nachdem Papst Nikolaus I. (858–867) sich als „vicarius Christi" bezeichnet und die oberste Lehr- und universale Kirchenrechtsgewalt in Anspruch genommen hatte. Generell bot der Aufbau der Bischofsgewalt in der Alten Kirche die Ansatzpunkte zur Hierarchie. Die Reformation brach auch auf diesem Gebiet mit der Tradition. Sie betonte die gegliederte Verantwortung aller Christen, wobei in der calvinistischen Reformation das presbyterial-synodale Element mehr zur Geltung kam als in der lutherischen Reformation.

Recht unterschiedlich ausgebildet sind in den Kirchen außerdem das Verständnis und die Instrumente der „Kirchenzucht". Da den Kirchen bei der Verhängung von Kirchenstrafen heute keine Machtmittel des weltlichen Arms mehr zur Verfügung stehen, haben sich die Disziplinierungsmöglichkeiten und -maßnahmen stark verändert. Viele Christen bewerten die Kirchenzucht überhaupt als unzeitgemäß, wenn nicht gar als einen Widerspruch zum Wesen der Kirche.

4. Strukturen des Glaubens

„Um Christ zu sein, muß man an Jesus Christus glauben", schrieb Rousseau in seinen „Briefen vom Berge". Ein anderer religiöser Denker, Blaise Pascal, notierte 1654 Sätze über den Glauben, die er für so wichtig hielt, daß er sie lebenslang als Gedenkblatt in seinem Rocksaum aufbewahrte: „Gott Abrahams, Gott Isaacs, Gott Jacobs (2. Mose 3, 6), nicht der Philosophen und Gelehrten. Gewißheit, Gewißheit, Empfinden, Freude, Frieden (der Gott Jesu Christi). Deum meum et Deum vestrum."

Rousseaus „Briefe vom Berge" und Pascals „Memorial" sind zwei Beispiele aus der schier unübersehbaren Fülle von Zeugnissen des christlichen Glaubens. Neben dem lehramtlichen Dokument steht das individuelle Zeugnis, neben den Glaubensaussagen der großen Kirchen die Glaubenswelt der Gruppen, neben der wissenschaftlichen Theologie die Theologie der Laien. Vielfalt ist das Kennzeichen des Glaubens der Christen von Anfang an, also seit dem Aufkommen der Jesusbewegung.

Die Vielfalt verweist auf die Ermächtigung der Christen, sich ihres Glaubens zu vergewissern und ihn zu bezeugen. Gott kann Christen durch den Heiligen Geist nach christlichem Selbstverständnis unmittelbar ansprechen und sie zu

Trägern geistlicher Erkenntnis machen. Daraus erwachsen Spannungen zum jeweils Geltenden: Spannungen, welche die christliche Kirche zwischen die Pole von Schriftreligion und Geistmitteilung, von kirchlicher Tradition und spirituellem Aufbruch stellen. Das Ringen zwischen Orthodoxie und Heterodoxie vollzieht sich entlang dieser Linie. Die Heterodoxie von heute kann die Orthodoxie von morgen sein. Den Glaubensbestand des Christentums in all seinen Teilen sachgerecht zu verwalten, gelingt wahrscheinlich nur in den Großkirchen. In religiösen Gruppen oder gar beim einzelnen Individuum ist dafür keine ausreichende kritische Masse vorhanden. Die großkirchlichen Formen stehen freilich infolge ihres institutionellen Konservatismus in der Gefahr, beim Festhalten des „Richtigen" die Lebendigkeit des Glaubens nicht gleichermaßen wahren zu können.

Den prinzipiell unendlichen Charakter des Glaubenszeugnisses der Christen vorausgesetzt, lassen sich Glaubensinhalte nur in jeweils spezifischer Brechung beschreiben. Die römisch-katholische Glaubenswelt trägt andere Züge als diejenige der evangelikalen Pfingstbewegung, die Glaubenswelt der östlichen Orthodoxie ist anders als diejenige der christlichen Indios im Amazonasbecken. Zwischen der Glaubenswelt eines Einzelnen und der Institution, der er angehört, besteht zusätzlich ein Unterschied. Auf der Ebene allgemeiner Formulierungen besitzt das, was über die Inhalte des christlichen Glaubens gesagt werden kann, gleichsam idealtypischen Charakter. Der Idealtypus bedarf des Eintauchens in die jeweils konkrete Glaubenswelt.

Grundlegend ist (erstens) der Glaube an „Gott, den Vater, den Allmächtigen, den Schöpfer des Himmels und der Erde". Mit ihrem Glauben an den Schöpfergott stehen die Christen auf dem Boden des Alten Testaments. In der „Genesis", dem 1. Buch Mose, ist Gott als der Schöpfer alles Sichtbaren und Unsichtbaren bezeugt. Einer Entwertung der materiellen und geistigen Welt als gottfernem Raum ist damit vorgebeugt, ebenso der Idee eines Eigenlebens von Materie und Geist. Die Welt ist creatio ex nihilo, Schöpfung aus dem Nichts durch

Gott. Das Lob der Schöpfung Gottes ist Urgestein christlicher Weltgewißheit und setzt sich vom Alten ins Neue Testament fort. Gott ruft das Nichtseiende durch sein Wort ins Dasein (Römer 4, 17). Durch ihn ist „alles" geschaffen (Epheser 3, 9). Gottes Schöpfung ist nicht umkehrbar. Sie hat Anfang und Ende. Spekulationen über ewige Schöpfungskreisläufe durch Vernichtung der Welt und deren Wiederkehr auf einer neuen Stufe (Palingenesie) sind dem christlichen Schöpfungsglauben fremd. Im Unterschied zum Alten Testament ist Gottes Schöpfungs- und Heilshandeln mit Jesus Christus verknüpft. Der Urgrund und Sinngrund der Schöpfung enthüllt sich in ihm. Durch Jesus Christus ist „die Welt gemacht" (Hebräer 1, 2). Zu ihm hin ist alles geschaffen (Kolosser 1, 16). Die christologische Ausrichtung des Schöpfungsglaubens unterscheidet das Christentum von allen anderen Religionen.

Grundlegend ist sodann (zweitens) der Glaube an die Existenz einer gottfeindlichen Wirklichkeit in der Welt Gottes. In biblischer Sprache heißt sie *Satan* (hebräisch) bzw. *Diabolos* (griechisch). Im postmythologischen Zeitalter stößt die Vorstellung der gottfeindlichen Wirklichkeit als Person – der Teufel – auf große Schwierigkeiten. Im Grund- und Hauptgebet der Christen, dem „Vaterunser", wird in der Version des Matthäusevangeliums (6, 9–13) um Erlösung „apo tou ponerou" gebetet: „von dem Bösen". „Poneros" umgreift eine breite Skala von Bedeutungen: der böse Mensch, „der Böse" (= der Teufel), das Böse, und wohl auch böse Gedanken und schlimme Handlungen. Das breite Bedeutungsfeld verweist auf den komplexen Charakter der gottfeindlichen Wirklichkeit. Sie ist eine Realität. Eigentümlich ist dem Christentum (wie auch dem Judentum) die Zuordnung der gottfeindlichen Wirklichkeit zu Gott. Gott wäre nicht allmächtig, stünde die gottfeindliche Wirklichkeit nicht in seinem Herrschaftsbereich. Gemäß der Bibel ist der Teufel ein gefallener Engel. Ist Gott der Urheber des Bösen oder läßt er es nur zu? Wie vereinbart sich Gottes Güte und Gerechtigkeit mit dem Bösen? Bereits im Buch Hiob steigert sich das Problem bis zur Anklage Gottes. Sie verstummt jedoch in Hiobs Demut und Gottesfurcht. Solange die theologische Tradition die Übel der Welt der menschlichen Sündhaftigkeit zurechnete, blieb die Frage nach Gottes Gerechtigkeit angesichts von Leid, Zerstörung, Chaos ein Randthema. Im Zeitalter der Frühaufklärung brachte Gottfried Wilhelm Leibniz das französische Kunstwort „theodicée" auf, gebildet aus „Theos" (Gott) und „Diké" (Gerechtigkeit). Leibniz rechtfertigte Gott vor dem Forum der Philosophie und Theologie gegen den Vorwurf, das Böse trotz seiner Allmacht zuzulassen. Das Böse gehörte Leibniz zufolge nicht notwendig, jedoch angemessenerweise zur „harmonia universalis". Gleich dem Gift vermöge das Böse heilsam zu sein und die Vervollkommnung der Welt zu fördern. In Frankreich protestierte Voltaire (1694–1778) gegen die Verharmlosung von „mißlichen Teilerscheinungen" durch den Blick auf das Ganze von Gottes Weltplan. Seither kam die Theodizee-Frage nicht mehr zur Ruhe. Neue Dringlichkeit gewann sie durch Auschwitz. In einigen nichtchristlichen Religionen ist das Böse eine Macht, die außerhalb von Gott steht und die von ihm entweder besiegt oder auch nicht besiegt wird. Der judäo-christliche Religionskreis gewinnt demgegenüber mit seiner dialektischen Schau des Bösen in der auf Leben und Heil gerichteten Schöpfung Gottes sein besonderes Profil. In der Ursprungsharmonie der Schöpfung ist eine Struktur der Zerstörung sichtbar.

Von ihr ist auch der Mensch gezeichnet. Ursprünglich sünd- und schuldlos geschaffen und „wenig niedriger gemacht als Gott" (Psalm 8, 6), erliegt er dem Sog der gottfeindlichen Wirklichkeit, biblisch und zugleich populär gesprochen: den Einflüsterungen des Teufels. Anders ausgedrückt heißt das: der Mensch wird das Opfer seines unbedingten Strebens nach Freiheit. Er kehrt sich von Gott ab und verfällt der gottfeindlichen Wirklichkeit. Ob der Mensch durch den „Fall" seine Fähigkeit zum Guten und der Hinwendung zu Gott gänzlich verloren hat, oder ob sie in ihm weiterlebt, so daß er aus eigenen Kräften (wenn auch nicht ohne Unterstützung Gottes) in die Harmonie zurückkehren kann, ist in der christlichen Theologie lebhaft umstritten. Die völlige Verfallenheit des

Menschen unter die „misera necessitas non posse non peccandi" anzunehmen, unter die unentrinnbare Notwendigkeit, gar nicht anders zu können als zu sündigen (Augustinus), ist jene Deutung, die den Menschen am tiefsten beugt. Ihr folgt auch die Theologie der Reformatoren.

Grundlegend ist schließlich (drittens) die Erlösung. Das Christentum ist eine Erlösungsreligion. Erlöst wird der Mensch aus jener Gefangenschaft, in die ihn sein Streben nach Freiheit geführt hat, aus der Gefangenschaft der Sünde und des Todes. In diese Gefangenschaft ist der Kosmos insgesamt geraten. „Wer wird mich erlösen aus dem Leibe dieses Todes?" (Römer 7, 24). Da Welt und Mensch sich nicht aus eigener Kraft aus der Gefangenschaft lösen können, tritt Gott als Erlöser hervor. Er schickt seinen Sohn in die Welt, der durch sein Leiden und seinen Tod am Kreuz die ewige Erlösung erworben hat. Die Christusgläubigen finden durch das Blut des Gottessohns Erlösung und Vergebung ihrer Sünden. Sie werden befreit vom Zorn Gottes, vom Tod, von dem zum Fluch gewordenen (ursprünglich aber guten) Gesetz Gottes und von der Sünde. Ein Korrespondenzbegriff zu Gefangenschaft und Erlösung ist Freiheit. Der Apostel Paulus schreibt in seinen Briefen von der Freiheit der Kinder Gottes. Johann Gottfried Herder, der Theologe, Philosoph und Dichter, sprach in Aufnahme solcher Wendungen von den Christen als den Freigelassenen der Schöpfung. Die Erlösung gilt nicht nur dem Einzelnen. Sie richtet sich auf das gesamte Volk Gottes und, mehr noch, auf den gesamten Kosmos. In seinem Sohn hat Gott den Kosmos mit sich selbst versöhnt (Kolosser 1, 20).

Durch Christi Tod und Auferstehung ist die Erlösung ein für alle Mal vollbracht. Gleichwohl bleibt sie ein Prozeß. Der Mensch ist weiterhin der gottfeindlichen Wirklichkeit ausgesetzt, wie auch der „neue Äon" erst am Ende der Zeit vollendet sein .wird. Die endgültige Erlösung, auf die der Mensch mit der gesamten Schöpfung wartet, findet am „Jüngsten Tag" statt. Bis dahin befinden sich die Christusgläubigen im Widerstreit ihrer Gefangenschaft und Freiheit, ein Zustand, der sich mit ihrem Streben nach Heiligung verbindet.

Die Freiheits- und Zukunftsdimension des christlichen Glaubens manifestiert sich eindringlich im Vergleich mit dem Buddhismus. Im Buddhismus ist die Struktur des Leidens im Dasein unauflösbar. Sie endet erst im Verlöschen des Kreislaufs der Wiedergeburten, im Nirvana. Als Erlösungsreligion teilt das Christentum seine Freiheits- und Zukunftshoffnung mit anderen Erlösungsreligionen, doch die Trennlinie zu ihnen ist gezogen durch den Glauben, daß die wahre Erlösung allein in Jesus Christus verbürgt sei.

5. Gottesdienst

Nach christlichem Verständnis umfaßt der Gottesdienst nicht nur kultische Handlungen. Der Apostel Paulus fordert die Christen auf, ihre Leiber, das heißt ihr ganzes Leben, als Gottesopfer darzubringen. „Das sei euer vernünftiger Gottesdienst" (Römer 12, 1). Wird die lebenspraktische Dimension überbetont, besteht bei der kultischen Dimension die Gefahr der Verdrängung in eine Randzone. Manche lebenspraktisch stark engagierten Christen neigen dazu, im althergebrachten Kultus einen Ballast zu sehen. Sie fordern zeitgemäße Gottesdienstformen, falls sie den Kult nicht überhaupt verneinen. Indem das Neue Testament für beide Weisen des Dienstes an Gott dasselbe Wort verwendet („Latreia"), unterstreicht es ihren unaufgebbaren Zusammenhang. Christliches Leben und christlicher Kult sind als Einheit zu sehen. Von letzterem soll hier gesprochen werden.

Hervorgegangen ist der christliche Gottesdienst aus dem Gottesdienst der Synagogen. Gebet, Schriftlesung und Predigt stammen aus dieser Tradition. An diese Elemente lagerte sich in der frühen Christenheit schnell spezifisch Christliches an, zum Beispiel das gemeinsame Brotbrechen, die geistlichen Ausdrucksformen der Prophetie und des Zungenredens. Im Unterschied zum Judentum feierten die Christen ihren Kult nicht am letzten, sondern am ersten Tag der Woche. Der Sonntag ist der symbolische Tag der Weltschöpfung und der Auferstehung Christi. Ein einigermaßen geschlossenes Bild des (früh-)katholischen Gottesdienstes findet sich bereits zu Beginn des 3. Jahrhunderts.

Für den christlichen Gottesdienst gilt Ähnliches wie für die Glaubenswelt der Christen. Er ist vielgestaltig sowohl nach seinem theologischen Verständnis als auch in seinen Einzelelementen und Formen. Dennoch ist sein Aufbau im Grundsatz allen Kirchen gemeinsam. Die großen Bausteine sind der Wortgottesdienst und der Sakramentsgottesdienst. Im Wortgottesdienst stehen Gebete, Lesungen aus der Heiligen Schrift, Predigt und Glaubensbekenntnis im Mittelpunkt. Der Sakramentsgottesdienst dient der Bereitung, Konsekration und Darreichung des Abendmahls (Eucharistie). Etwas andere Akzente setzt die Ostkirche. Sie plaziert das Glaubensbekenntnis im Sakramentsgottesdienst. Die Predigt erfährt eine variable Einordnung, hat also keinen unverrückbar festen Ort im Ablauf des Gottesdienstes.

Der römische Gottesdienst hebt den Opfercharakter der „Messe" – der Name ist seit dem 5. Jahrhundert nachweisbar – hervor. Zwar kann das wahre Opfer allein Christus darbringen: sich selbst. Jedoch gilt die Kirche als befähigt, Gott das vollkommene Opfer Jesu Christi darzureichen, weil der himmlische Christus die kirchliche Opferhandlung zu seiner eigenen macht. Im Jahr 1215 erhob die katholische Kirche die Transsubstantiation, die Wandlung von Brot und Wein zu Fleisch und Blut Christi, zum Dogma.

Der orthodoxe Gottesdienst fußt auf der Liturgie des Heiligen Chrysostomus († 407), die im 15. Jahrhundert ihre Abrundung fand. Ihre Unveränderlichkeit versteht sich als Symbol der Zeitlosigkeit. Einbezogen in die gottesdienstliche Anbetung des dreieinigen Gottes ist der gesamte Kosmos. Seinen Kern hat der orthodoxe Gottesdienst in der Vergegenwärtigung der Heilsgeschichte. Seinen Anfang nimmt er – für die Gläubigen unsichtbar – mit der Zurüstung der Liturgen im Altarraum hinter der Ikonostase. Die Bilderwand entwickelte sich aus einer ursprünglich einfachen Schranke. Die Ikonostase erlaubt die Verbindung zwischen Priestern und Gläubigen nur durch drei Türen, von denen die mittlere die „königliche

Tür" ist. Schriftlesungen, Gebete und Gesänge wollen bekunden: Gott wird erst durch Feier und Anbetung wirklich erfahrbar. Zur Erinnerung an das gemeinschaftliche Liebesmahl der ersten Christen teilen die Kirchen der Orthodoxie nach der Kommunion gesegnetes (nicht konsekriertes) Brot auch an die Christen anderer Kirchen aus.

Die Kirchen des Anglikanismus halten die Grundform der abendländischen, jedoch reformatorisch gereinigten Messe in der sonntäglichen *Holy Communion* fest. Grundlage ist das *Book of Common Prayer* in der Version von 1662. Seit 1980 findet zum Teil auch *The Alternative Service Book* Verwendung. Ihre Ergänzung findet die Holy Communion im täglichen *Morning Prayer* und im *Even Song*. In ihnen kommt die reiche musikalische Kultur des Anglikanismus zur Entfaltung. Die liturgischen Gebräuche gabeln sich in der *High Church* und in der *Low Church*. Die *High Church* pflegt die Tradition, während die *Low Church* oftmals unkonventionell-massenwirksame Formen der Gottesdienstgestaltung verwendet.

Bei den Kirchen der Reformation reicht das Spektrum des Gottesdienstes von der verhältnismäßig reichen liturgischen Ausstattung des Luthertums bis zur betont schlichten Form in den Kirchen des zwinglianischen und calvinistischen Typs. Während das Luthertum die Höhepunkte des Gottesdienstes in der Predigt und im Abendmahl sieht, tritt in den reformierten Kirchen die Abendmahlsfeier zurück. In Zwinglis Tradition wird sie als Gedächtnismahl an den Tod Christi verstanden, in Calvins Tradition vergegenwärtigt sie in spiritueller Form den himmlischen Christus. Die lutherische Lehre von der „Realpräsenz" Christi in Brot und Wein wird abgelehnt.

In einigen Freikirchen und Denominationen des Protestantismus besteht, mehr oder minder intensiv, die Tendenz zur Auflösung der geordneten Formen der *Leiturgia*, des Gott gewidmeten kultischen Dienstes. Der Gottesdienst – im denkbar weitesten Sinn die dankbare Zwiesprache des Menschen mit Gott und der Ort geistlicher Festigung – verliert hier seinen sakralen Charakter. Er wird zu einer bestimmten Form religiöser Gemeinschaft vor Gottes Angesicht.

6. Der religiöse Kalender

Der religiöse Kalender des Christentums ist eingeordnet in das Natur- und Kalenderjahr. Identisch mit ihm ist er nicht. Er besitzt seinen eigenen Rhythmus und ist an allen seinen Stationen mit theologischer Bedeutung ausgestattet. Das Fundament zur Entstehung des christlichen Jahreskreises war in ältester Zeit mit dem „Tag des Herrn" gelegt, der Feier des ersten Wochentags als Auferstehungstag Christi.

Seine Schwerpunkte hat der religiöse Kalender im Osterkreis und im Weihnachtskreis. Die Synode von Nizäa legte 325 als Termin für das Osterfest den ersten Sonntag nach dem Frühjahrsvollmond fest. Dem Osterfest geht die vierzigtägige Fastenzeit mit der Karwoche voraus, und ihm folgt die fünfzigtägige Freudenzeit, die in das Pfingstfest einmündet. Der Weihnachtskreis beginnt in der westlichen Tradition mit der vierwöchigen Adventszeit, erreicht seinen Höhepunkt in der Feier der Geburt Jesu am 25. Dezember (ursprünglich das Fest des „Sol invictus", der unbesiegten Sonne) und klingt allmählich mit dem Fest der Beschneidung und Namensgebung des Herrn (Neujahr), dem Epiphaniasfest und den ihm folgenden Sonntagen aus. Die Ostkirche verzeichnet einen beweglichen Kreis der Herren- und Marienfeste im Umkreis des Geburtsfestes Christi am 7. Januar. Die Adventszeit im westlichen Verständnis kennt sie nicht. Die unterschiedlichen Daten in der Ost- und Westkirche ergeben sich aus dem Gebrauch des Julianischen Kalenders.

Oster- und Weihnachtskreis sind die geprägten Zeiten. Die anderen Zeiten sind ungeprägt, gleichwohl nicht indifferent. Genannt seien für die westliche Tradition die Trinitatiszeit vom Sonntag nach Pfingsten bis Ende September, für die östliche Tradition die Matthäus- und Lukassonntage in der Zeit nach Pfingsten bis Weihnachten. Eingelagert in den religiösen Kalender sind – lokalkirchlich sehr unterschiedlich – Gedenktage aller Art. Typische Feste der Ostkirche wie die „Enthauptung Johannes des Täufers" oder „Gottesmutter Schutz und Schirm" sind im Westen unbekannt. Hingegen feiert die

Westkirche mit „Fronleichnam" und weiteren Festen den Zyklus des Kirchenjahrs auf eine der Ostkirche unbekannte Art.

Die kultische Gliederung des Jahreskreises kennen auch andere Religionen. Im Christentum besteht der Sinn im Mit- und Nacherleben der Heilsgeschichte. Die dem jeweiligen Stand des religiösen Kalenders – das deutsche Wort „Kirchenjahr" begegnet erst seit 1589 – angemessenen gottesdienstlichen Lesungen unterstreichen seinen Charakter. Über den Graben der historisch-chronologischen Zeit hinweg wird das einst Geschehene als das jetzt Geschehende vergegenwärtigt: die Geburt Christi, die Stationen bis zu seiner Kreuzigung und Auferstehung, die Ausgießung des Heiligen Geistes, die Zeit der neuerlichen Erwartung.

Der Zyklus des liturgischen Jahres spielt in den christlichen Kirchen eine unterschiedlich große Rolle. In der römischen Kirche und den Kirchen der Orthodoxie wird die spirituelle Bedeutung des Jahreskreises durch die Pflege eines feingliedrigen Systems von Buß- und Fastenzeiten untermauert. Demgegenüber neigt das protestantische Verständnis christlicher Existenz – geistliche „Erbauung" durch Gottes Wort – dazu, die christliche Freiheit auch vor der Ordnung des Jahreskreises in Anspruch zu nehmen. Generelle Aussagen über Lebendigkeit und Geltungsmacht des religiösen Kalenders bleiben problematisch. Sie vermögen kaum in die intimen Bezirke christlicher Lebensführung im Rhythmus des christlichen Jahreskreises einzudringen. Im übrigen prägt das christliche Jahr selbst säkularisierten Gesellschaften noch eine Struktur der „Christianitude" ein. Kulturrevolutionäre Versuche, den religiösen Kalender des Christentums und das bürgerliche Kalenderjahr rigoros voneinander zu trennen, wie sie in der Französischen Revolution und im Zeitalter der Diktaturen unternommen wurden, hatten keinen dauerhaften Erfolg.

7. Heilige Personen, heilige Orte

Märtyrer, also Blutzeugen des Glaubens, Asketen, Wunder-
täter, Gottesmänner und -frauen aller Art genossen seit den
frühesten Zeiten besondere Verehrung. Um ihr Leben rankten
sich Legenden, und bald fanden sich begeisterte und ergriffene
Lobredner, die Hagiographen. Vom Martyrium des heiligen
Polycarp, Bischof von Smyrna († um 165) wird berichtet, daß
sich die Flammen des Scheiterhaufens wie ein Segel über seinem Haupt wölbten. Der Henkersknecht mußte den Dolch
nehmen, um ihn zu töten. Mit Polycarps Namen verbindet
sich das erste historisch belegte Beispiel der Märtyrervereh-
rung. Der Martys (wörtlich: Zeuge) bildete durch sein Beispiel
den Sieg Christi über die bösen Mächte ab. Die religionsgeschichtliche Vorlage für das Märtyrertum findet sich in der
jüdischen Apokalyptik. In Gottesdiensten feierte man den To-
destag des Märtyrers (der als Geburtstag seines ewigen Lebens
galt). Man versammelte sich an seiner Begräbnisstätte oder
ehrte ihn an einem besonderen Altar.

Allmählich weitete sich der Blick über die Blutzeugen hinaus. Er richtete sich auf Fromme, denen die Gabe wunderhaf-
ter Taten zugeschrieben war, etwa auf den Bischof Gregor
Thaumaturgos in Kleinasien († 270), der in der östlichen Kirche wahrscheinlich als erster die Verehrung eines Heiligen ge-
noß, ohne daß er Märtyrer war. In Ägypten und im lateinischen Abendland rückte der große Asket Antonius († 356)
zum Heiligen auf. Athanasius, Bischof von Alexandria, schil-
derte in seiner „Vita Antonii", wie der Gottesmann sich in ein
Grab einschließen ließ, um gegen die Dämonen zu kämpfen.
Später ließ er sich in einem schlangenverseuchten Wüstenka-
stell nieder: „Er versenkte sich gleichsam in eine unterirdische
Zelle, blieb dort drin allein und ging weder selbst heraus noch
sah er irgendeinen, der kam."

Um keinen Heiligen zu vergessen und um selbst noch die
wunderlichen asketischen Leistungen – etwa das Ausharren
auf Säulen bei den syrischen Styliten – zu verbuchen, legte
man seit den Zeiten des Eusebius von Caesarea, des ersten Hi-

storikers der Kirche († 339), Sammlungen der Märtyrer- und asketischen Mönchsgeschichten an. Die Sammelwerke, immer weiter fortgesetzt, bildeten den Humus für die reich blühenden religiösen Blumen der Heiligenlegenden. Im Osten gipfelte diese Entwicklung im 10. Jahrhundert in der Sammlung des Simeon Metaphrastes auf, im lateinischen Abendland in der „Legenda aurea" des Jakobus a Voragine († 1298). Die Strahlkraft der „Legenda aurea" auf die Bildende Kunst und Literatur war enorm. Stärker als der Westen bezog der Osten auch politische Herrscher in die Heiligenverehrung ein. Kaiser Konstantin der Große genießt dort (immer in Verbindung mit seiner Mutter Helena) bis heute fromme Verehrung. Sein Gedenktag ist der 21. März. In der Neuzeit sichtete Johannes Bollandus (1596–1665) das gesamte hagiographische Material und kommentierte es mit seinen Gehilfen in den bislang 67 Bänden der „Acta Sanctorum" (1643 ff.) In der „Bibliotheca Hagiographica" (graeca, latina, orientalis) setzte sich diese Arbeit im 19./20. Jahrhundert fort.

In der katholischen Kirche ist seit dem 12. Jahrhundert allein der Papst zur Heiligsprechung von Personen berechtigt. Im 17. Jahrhundert legte Papst Urban VII. das Verfahren der Heilig- und Seligsprechung fest. Selige dürfen nur innerhalb einer Diözese, einer Nation, Region oder Ordensgemeinschaft öffentlich (liturgisch) verehrt werden. Sie können, den weiteren Erweis ihrer Wundertaten vorausgesetzt, in den Stand der Heiligen nachrücken. Heilige genießen die uneingeschränkte Verehrung der Gesamtkirche. In den Heiligenfesten der römischen Kirche ergeht an die Gläubigen der Ruf, der Heiligung nachzujagen. Der Heiligsprechung gehen umfangreiche Untersuchungen voraus, die sich über Jahrzehnte, wenn nicht Jahrhunderte erstrecken können. Die Zeugnisse christlicher Bewährung im Zeitalter der Diktaturen führten während der letzten Jahrzehnte in herausragenden Fällen auch zu sehr viel schnelleren Entscheidungen.

Die Kirche des Ostens kanonisierte Heilige seit dem 9. Jahrhundert durch die Bischofssynoden. Der Jahreskalender der Heiligen, das „Menologion", entstand im 11. Jahrhundert. Die Heiligen werden an ihren jeweiligen Gedenktagen liturgisch verehrt. Außerdem finden sie Darstellung auf Ikonen. Einen besonderen Typus bilden die Narren in Christo, Christusbekenner, die sich aus Demut der Verhöhnung aussetzen.

Die differenzierte theologische Pflege der Heiligen durch die offizielle Kirche steht unter dem einschränkenden Vorzeichen, daß das Attribut der Heiligkeit im vollen und umfassenden Sinne allein Gott zukommt. Der Gotteskult ist absolut, der Heiligenkult relativ. Vielfach ist die Heiligentheologie überlagert durch die Volksfrömmigkeit. Aberglauben und Christenglauben vermischen sich. Die Heiligen werden als Fürsprecher vor Gott angerufen, man sucht ihre Begräbnisstätten auf und bewahrt ihre Überreste. Märtyrer- und Heiligenorte dienten stets auch der Errichtung von Kirchen und Bischofssitzen.

In enger Verbindung mit der Heiligenverehrung steht der Reliquienkult. Der Glaube an die Wirkung von Reliquien vermag sich an eine Passage des Neuen Testaments anzulehnen, in der die Heilwirkung von Schürzen und Schweißtüchern des Apostels Paulus bezeugt ist (Apostelgeschichte 19, 12). Eine regelrechte Reliquienkultur entwickelte sich bereits nach der religionspolitischen Wende unter Kaiser Konstantin im vierten Jahrhundert. Die Kreuzzüge des Mittelalters vermehrten den Drang nach Reliquien. Sie galten als Unterpfänder für die Nähe göttlicher Kräfte. Zu Beginn des 16. Jahrhunderts trat der Reliquienkult über die Ufer. Friedrich der Weise, Luthers Landesherr, besaß 1509 bereits 5005 Reliquienpartikel. Die Gesamtzahl seiner Reliquien belief sich am Ende auf 18 970. Die Verbindung der Reliquienverehrung mit dem Ablaßhandel denaturierte den Glauben, wie auch die vielen unechten Reliquien Zweifel an der Seriosität dieser Form der Frömmigkeitspflege nährten. Die Reformation bekämpfte die Reliquienverehrung. Mit der Zurückdrängung der Heiligenverehrung entzogen die Reformatoren dem Reliquienkult den Boden. Nicht die Heiligen und deren Überreste waren als „Versöhner und Mittler gesetzt zwischen Gott und den Menschen", sondern allein Jesus Christus (so die „Confessio Augustana" 1530 im Anschluß an 1. Timotheus 2, 5). Im Zeitalter des Barock setzte neuerlich eine Reliquienkonjunktur ein, was den Kräften der „Gegenreformation" hochwillkommen war. Nochmals steigerte sie sich bei der archäologischen Erschließung der römischen Katakomben. Kirchenrechtlich ist der Umgang mit Reliquien heute streng geregelt.

Einen Sonderbezirk zwischen Heiligung und Vergöttlichung wie auch zwischen Kirchenfrömmigkeit, Volksfrömmigkeit und Aberglauben stellt die Verehrung der Gottesmutter dar. Neu in dem überaus reichen Bild christlicher Marienfrömmigkeit ist im 19./20. Jahrhundert die Bezeugung von Erscheinungen Marias in La Salette (1846), Lourdes (1858), Fatima (1917) und anderswo. Zahlreiche Regional- und Lokaltraditionen, mit Bildnissen und Statuen verbunden, lassen die Marienfrömmigkeit und den der Gottesmutter gewidmeten Kult als weltweites Phänomen erkennen.

8. Christliche Kunst

In seinen Betrachtungen über die „Theologie der Kunst" erzählt Paul Tillich von einem Priester, der den französischen Kubisten Georges Braque bat, ihm für seine Kirche einen Fisch, das alte Christussymbol, zu malen. Braque lehnte mit dem Hinweis ab, er sei kein Christ. Der Priester blieb beharrlich und forderte nichts als einen Fisch, wie ihn der Künstler auch sonst malen würde. In einem profan gemalten Fisch von Braque, so meinte er, läge mehr religiöser Ausdruck als in einer veräußerlichten Symbolkunst.

Kunst bedarf keines religiösen Gegenstands, um religiös zu sein. Auch an bestimmte Stile ist sie nicht gebunden. Sofern Kunstwerke in letzte Sinn- und Seinsdimensionen verweisen, stehen sie im Raum des Religiösen. Weil kein Kunstwerk seinen religiösen Gehalt als objektivierbare Eigenschaft mit sich führt, dieser vielmehr erst aus der aneignenden Begegnung mit ihm erwächst und diese Begegnung prinzipiell unendliche Deutungen hervorbringt, kennt der Bereich religiöser Kunst keine Grenzen. Dies vorausgeschickt, erscheint die „christliche Kunst" als Teil eines unausmeßbaren ästhetisch-religiösen Produktions- und Reproduktionsprozesses. Zu den Grundlagen des Glaubens zählt die christliche Kunst nicht. Wohl aber ist sie ein Teil seiner Ausdrucksformen. Selbst die Schriften des Neuen Testaments, insbesondere die Evangelien, lassen sich unter künstlerischen Gesichtspunkten analysieren, auch wenn den Verfassern schriftstellerischer Ehrgeiz fernlag. Um so mehr tritt der Kunstausdruck dort hervor, wo Christen sich bewußt als Künstler betätigen. Das Bestreben, das Kunstwerk zum Verkündigungsträger zu machen, garantiert noch keine Bedeutung für den Glauben. Eindeutigkeit stellt sich lediglich in kulturell-religiös geschlossenen Gesellschaften her. In den christlichen Gesellschaften der Vergangenheit beruhte die Begegnung mit dem christlichen Kunstwerk auf dem Wissen und dem Einverständnis mit seiner theologischen Dimension.

Zu den unverwechselbaren künstlerischen Äußerungen des Christentums zählt die sakrale Baukunst. Zwei architektonische Grundformen prägten den Kirchenbau, die Basilika und der Zentralbau. Die Basilika war in ihrer frühesten Gestalt eine der Länge nach drei- oder fünffach unterteilte Langhalle, deren Mittelschiff ein erhöhtes Dach besaß und das in die Apsis einmündete. Häufig gab es Vorbauten, zum Beispiel das Atrium mit Vorhalle und rituellem Reinigungsbad. Die älteste Beschreibung einer Basilika findet sich zu Beginn des 4. Jahrhunderts in Eusebs „Kirchengeschichte". Die Zahl der Türen im Eingangsbereich entsprach der Zahl der Schiffe. Bischof und Gemeinde, Predigt und Abendmahl gehörten noch zusammen. Seit dem 10./11. Jahrhundert durchlief die Basilika Verwandlungen durch den romanischen Stil, seit dem 12./13. Jahrhundert durch die Gotik. In der großen Zeit der Klosterbauanlagen entstanden im Kosmos des Mönchtums riesige Gebäudekomplexe mit wahren Gottesburgen: architektonische Schaustücke des Strebens nach dem Himmel. Der romanische Stil symbolisierte Kraft, Sicherheit und Ordnung. Eine Neuerung des romanischen Stils war die Gliederung und Auflockerung der langen Mauerflächen. Die Wölbung der

Decke der Basilika bahnte sich an. In der Gotik kam diese Neuerung zu voller Entfaltung. Die Geburt der Gotik wird auf das Jahr 1140/44 datiert: auf die Grundsteinlegung und Vollendung des neuen Chors in der Abtei von St. Denis bei Paris. Der Spitzbogen, das typische Merkmal der Gotik, und die Einfügung des Lichts in den Stein (Glasfenster) symbolisieren den Übergang von der niederen in die höhere Welt. Wie die Zusammenhänge zwischen dem architektonischen Programm der Gotik und der Theologie, Philosophie und Frömmigkeit des 12./13. Jahrhunderts im einzelnen zu deuten sind, ist umstritten. Die Durchbrechung und Aufhebung der Mauern durch die neue Lichtregie erzeugte überwältigende Eindrücke. Zeitgenossen des Mittelalters, die aus ihren bescheidenen Behausungen in die lichtdurchfluteten Kirchen traten, fühlten sich in das himmlische Jerusalem emporgehoben.

Die Basilika mit allen auf ihr beruhenden Stilverwandlungen ist das architektonische Charakteristikum des westlichen Christentums geworden. Der Zentralbau hingegen ist typisch für das Christentum des Ostens. Sein architektonisches Programm beruht auf der Herstellung von Harmonie um eine vertikal gedachte Achse. Um die Achse kann ein Kreis gezogen oder auch ein Polygon (Vieleck) gelegt werden. Bei der Überdachung wird häufig die Kuppelform verwendet. Sie symbolisiert das Weltall und die Ordnung des Himmels. Wie wird die Erde vom Himmel erfüllt? Diese Frage und der architektonische Versuch ihrer Beantwortung gaben der Kirchenbaukunst der Orthodoxie entscheidende Impulse.

Die Formensprache der Architektur findet ihre Bereicherung und Ausweitung in der Kirchenausstattung, also in den beweglichen Einrichtungsgegenständen (zum Beispiel den Kelchen, Kannen, Kreuzen, Behängen) und in den festen Einbauten (Altar, Kanzel, Taufstein u. a.). Sie bilden eine Symbolwelt mit eigenen Teilgeschichten und Bedeutungen.

Der zweite künstlerische Ausdrucksbereich des Christentums, die Malerei, war bis in die Frühe Neuzeit ohne Bezug zum Sakralraum und zur Heiligen Schrift kaum vorstellbar. In den Anfängen knüpfte man an die spätantike Dekorationsmalerei an, wie die Katakombenmalerei zeigt. Der Versuch, Bilddarstellungen aus der christlichen Glaubenswelt zu verbannen – was das Christentum in Gemeinschaft mit dem Judentum und dem Islam im Sakralbereich zu einer bilderlosen bzw. nichtfiguralen Religion gemacht hätte – blieb eine Randerscheinung, an die sich gleichwohl ein heftiger Kampf knüpfte, der byzantinische Bilderstreit. Im Jahr 726 hatte der byzantinische Kaiser Leon III. ein Christusbild am Chalke-Tor des Kaiserpalastes von Konstantinopel entfernen lassen, Beginn des Kampfes um die bildliche Darstellung heiliger Personen und Ereignisse, der Byzanz länger als ein Jahrhundert erschütterte. Die Ursachen des Ikonoklasmus, der Bilderfeindlichkeit, waren vielfältig. Sie sind nicht auf einen einzigen Nenner zu bringen. Als sicher darf gelten, daß der islamische Ikonoklasmus auf Byzanz nicht einwirkte. Während der Islam die Darstellung von Lebewesen generell verbot, kämpften die byzantinischen Bilderfeinde nur gegen christliche Sakralbilder. Parallelen zur jüdischen Bilderablehnung waren durch die gemeinsame Grundlage des alttestamentlichen Bilderverbots gegeben. Die volkstümlich gewachsene Tradition sakraler Bilder und ihrer Verehrung erwies sich im Verein mit den Argumenten bilderfreundlicher Theologen als stärker. 787 erlaubte das Konzil von Nizäa die Bilderverehrung. 843 wurde sie durch Kaiserin Theodora endgültig bekräftigt.

Ihre Motive fand die christliche Malerei in der Gottheit, in den biblischen Geschichten, in legendarischen Überlieferungen und in der Darstellung von Heiligen. Im späten Mittelalter löste sich das Großbild von der Wand. Die Tafelmalerei hielt in die Kirchen Einzug in Form von Altaraufsätzen, von Flügel- bzw. Wandelaltären. Die bildlichen Darstellungen waren stets mehr als bloß ästhetische Ausdrucksgestalt des Religiösen. Den Analphabeten dienten sie als belehrende „Schrift". Außerdem verbanden sich mit den Bildern Bezeugungen der Devotion und die Hoffnung auf Schutz und Hilfe.

Religiöses Sondergut der Ostkirche ist die Ikone (von griechisch Eikon: Bild). Die Ikonen verstehen sich als Abbilder von Urbildern, sieht man über ihre Stofflichkeit hinweg. Die

Urbild-Abbild-Theorie bringt bei den Dargestellten (Christus, die Gottesmutter, die Heiligen) einen Stil der Verklärung hervor. Zu einer bestimmten Zeit fanden die Vorschriften zur Ikonenmalerei ihre schriftliche Fixierung. Die Gesichtsformen und die Farben können nicht beliebig gewählt werden. Die Ikonenmaler sind Künstler, mehr aber noch Gläubige, die eine mystische Schau bildhaft umsetzen. Die enge Anbindung an bestimmte Formen ist nicht mit Uniformität zu verwechseln. Die Ikonenmalerei kennt unterschiedliche Schulen und den Unterschied zwischen der byzantinischen und der russischen Tradition. Ikonen werden geküßt, verehrt, beschenkt, und man schreibt ihnen Wundertaten zu.

Neue bildkünstlerische Welten erschlossen sich durch die Kunst der Jungen Kirchen. Lange Zeit war die religiöse Malerei und Plastik in Asien, Afrika und Lateinamerika europäisch beherrscht. Es dauerte bis in die Zeit der Moderne, ehe auf dem indischen Subkontinent die Gottesmutter die Züge einer Inderin trug, oder in Afrika Kreuzigungsszenen mit einem afrikanischen Christus und Rundhütten im Hintergrund gemalt wurden. Die Anerkennung der indigenen Kunstwerke durch die Christen Europas ließ lange auf sich warten. Es fiel ihnen schwer, die Erweiterung des stilistischen Spektrums zu akzeptieren. Der Transfer außereuropäischen Kulturguts in die Traditionen des Christentums warf Probleme auf, die erst durch die Missionstheologie einer Lösung zugeführt wurden.

Glaube wächst durch das Hören von Gottes Wort. Das Ohr hat an ihm stärkeren Anteil als das Auge. Das erklärt den exzeptionellen Rang, welche die Musik in Gemeinschaft mit dem Wort in der christlichen Frömmigkeitswelt einnimmt. Owen Chadwick, Oxfords prominenter Kirchenhistoriker, meint über die Matthäus-Passion von Johann Sebastian Bach (1685–1750): „Sie brachte vermutlich mehr Menschen zum Glauben als die Worte von tausend Predigern."

Bach steht auf dem Gipfel religiöser Musik. Die kompositorische Meisterschaft und Bedeutungstiefe seiner Werke sucht ihresgleichen. Das Werk Bachs ist nicht denkbar ohne den Reichtum der abendländischen Sakralmusik. Sie läßt sich bis in die christliche Antike zurückverfolgen. In Rom und Mailand machte der Gesang der Gemeinde schon im 4. Jahrhundert den Sängerchören Platz. Die Anordnung einer Synode von 360, in den Kirchen dürften nur biblische Hymnen gesungen werden, setzte sich nicht durch. Das lateinische Mittelalter war dann überstrahlt von der Gregorianik, jenem (zu Unrecht) nach Papst Gregor I. bezeichneten einstimmigen und an die lateinische Kultsprache gebundenen Gesang. Die Mehrstimmigkeit brach erst sehr viel später durch. Diese Entwicklung besaß zahlreiche Zustromgebiete. In Rom inszenierten die „Oratorianer" des 16. Jahrhunderts geistliche Theaterstücke mit Musik. Aus ihnen entstand nach Wegfall des Schauspiels die Gattung des Oratoriums. In den Territorien der Reformation brachte die Einführung des Gemeindegesangs eine reiche Liedkultur hervor. Sie ging mit dem Aufblühen der Motetten – meisterlich auf diesem Gebiet der Katholik Orlando di Lasso († 1592) und der Protestant Heinrich Schütz († 1672) – einher. Weitere musikalische Gestaltungsräume erschloß die Orgel. Ihre Geschichte reicht bis nach China und in die arabische Welt zurück. Im christlichen Abendland diente die Orgel zunächst dem Herrscherzeremoniell. Ab 1300 war sie in großen Kirchen häufig vorhanden, doch noch nicht offiziell als Instrument der Kirche anerkannt. Im 14./15. Jahrhundert fand sie zunehmenden Gebrauch als Soloinstrument und Begleitinstrument für den Chor. Seither verbreitete sie sich immer mehr. Streich-, Blas- und Schlaginstrumente kamen hinzu.

Die orthodoxe Tradition achtet, anders als die religiöse Musikkultur des Westens, streng auf sakrale Reinheit. Namentlich die „byzantinische Musik" distanziert sich von jeder musikalischen Praxis, die nicht ihrer eigenen (griechischen) Tradition entspricht. Ob nach dem Eindringen der Araber und Türken in den byzantinischen Kulturraum nicht auch die Grundlagen der byzantinischen Musik eine Umgestaltung erfuhren, ist eine vielumstrittene Frage. Ein markantes Unterscheidungsmerkmal zur westlichen Tradition ist ihr ausschließlich vokaler Charakter. Musikinstrumente werden nicht verwendet. Selbst dort, wo sich die byzantinische Musik mit Elementen der Volksmusik mischte, setzte sich die instrumentale Musik nicht durch. In der russisch-orthodoxen Kirche brach seit dem 17. Jahrhundert die westeuropäische Musiktradition durch. Mehrstimmigkeit wurde fortan auch hier möglich. Im übrigen entstanden aus der Kombination von orthodoxer und westeuropäischer Musiktradition Klangwerke von bezwingender Kraft. Die klassisch-orthodoxe, die byzantinische Musik hingegen will im klaren und vollen Sinn „Psalmodie" sein: ein streng kirchlicher Gesang mit hieratisch-liturgischem Charakter. Die Eigenheit der byzantinischen Musik reicht bis zu ihrem Schreibsystem: der stenographischen Darstellung der Melodie (Parasemantik).

In der Sakralmusik zeitgemäßen Formen zum Durchbruch zu verhelfen, scheint besonders schwierig zu sein. Die Geschichte der Kirchenmusik kennt tiefgreifende Auseinandersetzungen um bestimmte Stilelemente. In ihnen drückt sich die Sorge vor Überwucherung der künstlerischen Form zum Nachteil des religiösen Gehalts aus. Die scheinbare oder tatsächliche Überbetonung der ästhetischen Form erklärt den Widerstand konservativer kirchlicher Gruppen gegen manches religiös gemeinte, doch nicht als religiös empfundene Musikwerk: zweifellos ein Hindernis bei der Verbreitung einer modernefähigen musikalischen Kultur in den Kirchen.

Architektur, Malerei und Musik treten in der christlichen Kunst in den Vordergrund. Das heißt jedoch keineswegs, daß weitere Formen der künstlerischen Äußerung im Dienste des Glaubens nicht gepflegt oder gar mißachtet würden. Kein künstlerischer Bereich blieb und bleibt als Träger religiöser Aussagen außer Betracht. Das Christentum ist kulturoffen, und es war bis in die Neuzeit kulturtragend, so auch in allen Sparten der Literatur. Erstmals lag im christlichen Bereich ein voll entwickeltes poetisches Werk im 4. Jahrhundert mit den Lehrgedichten, Hymnen, Elegien und Epigrammen des Bischofs Gregor von Nazianz vor. Mit dem 17 000 Verse umfassenden poetischen Vermächtnis Gregors war der polemische Vorwurf christlicher Literaturfeindlichkeit widerlegt.

III. Ethik und Lebenswelt

1. Christsein in der Welt

Der christliche Glaube besitzt eine außerweltliche und eine innerweltliche Dimension. Der Zusammenhang von „Jenseits" und „Diesseits" ist in der christlichen Vorstellungswelt auf mannigfache Weise verankert. So ist Jesus Christus nicht nur Träger und Garant einer außerweltlichen Hoffnung. Indem er als irdische Verkörperung Gottes geglaubt wird, manifestieren sich in ihm Aspekte des irdisch „Richtigen". Unterstrichen wird der Zusammenhang von „Jenseits" und „Diesseits" auch durch das „Nein" zur Trennung von Körper, Geist und Seele. Sogar in den christlichen Auferstehungsglauben ist die geistig-körperlich-seelische Ganzheit des Menschen einbezogen: eine Demonstration für das Hineinragen der innerweltlichen in die außerweltliche Dimension. Im Zeichen dieser Dialektik steht der gesamte Kosmos. Aus der Verschränkung von außerweltlicher und innerweltlicher Dimension ergeben sich Elemente eines ethischen Modells.

Im Blick auf die Frühzeit des Christentums ist die innerweltliche Dimension mitunter bestritten worden. Das originäre Christentum, so die Behauptung, sei durch eine Haltung der Weltverneinung oder doch jedenfalls der Distanz und Indifferenz gekennzeichnet gewesen. Erst durch die staatliche Privilegierung seit Beginn des 4. Jahrhunderts und durch das Einrücken in die gesellschaftliche Leitkultur habe das Christentum die innerweltliche Dimension aufgebaut. An den historischen Tatsachen wie auch an der Struktur des Christenglaubens findet diese Theorie schwerlich einen Anhaltspunkt. Allenfalls kann sie sich auf die (schnell fallengelassene) Naherwartung des Weltendes und der Wiederkunft Christi stützen. Religionskritische Vorwürfe an das Christentum, einen ursprünglich strikt außerweltlichen Impuls durch Verweltlichung verfremdet zu haben, laufen ins Leere. Daß das Christentum einen umfassenden Einfluß auf die Makro- und Mikrostrukturen der großen Zivilisationen ausgeübt hat, ist kein Produkt des historischen Zufalls. Der Einfluß beruht auf der vom Christenglauben nicht ablösbaren Zuwendung zur Welt in allen ihren Aspekten. Das Evangelium umgreift den ganzen Menschen.

Ausgangspunkt jeglicher und somit auch der christlichen Ethik ist die Freiheit. Freiheit ist die Grundstruktur der conditio humana, auch wenn sie zahlreichen Einschränkungen unterliegt. Nach christlicher Vorstellung erhält der Mensch seine Freiheit von Gott geschenkt. Insofern bildet der Gottesglaube den Grund der menschlichen Freiheit. Das Verständnis der Freiheit als Geschenk Gottes stellt die Ethik der Christen in das doppelte Koordinatensystem der Beziehung zu Gott und zu den Menschen. Das ethische Modell mit seinen beiden Dimensionen (außerweltlich-innerweltlich) erfährt auch im Freiheitsverständnis eine Bekräftigung. Seine Spezifik gewinnt es im Bezug zu Jesus Christus. Die Freiheit der Christen richtet sich an der Person des Erlösers und der Teilhabe an ihr aus. Durch den Erlöser ordnet sich das gestörte Gott-Mensch-Verhältnis. Zugleich wächst ein neues Verhältnis zu den Menschen im Angesicht Gottes. Christen haben ihre Freiheit nicht in sich selbst, sondern „in Christus".

Eine klassische Formulierung des christlichen Verständnisses der Freiheit findet sich in Martin Luthers „Tractatus de libertate christiana" („Von der Freiheit eines Christenmenschen" 1520): „Der Christ ist völlig freier Herr über alles und niemandem untertan. Der Christ ist ein allen völlig dienstbarer Knecht und jedermann untertan." Im Hintergrund dieser beiden Sätze steht eine Bekundung des Apostels Paulus im 1. Korintherbrief: „Obwohl ich frei bin, habe ich mich zum Knecht aller gemacht" (9, 19), und eine weitere Aussage des Paulus im Brief an die Römer: „Ihr sollt niemandem zu etwas verpflichtet sein, außer daß ihr einander liebt" (13, 8). Vorgebildet sind Freiheit und Bindung in der Menschwerdung Gottes. Gott entäußert sich in freiem Entschluß seiner Allmacht und nimmt die Gestalt der Entsagung und des Dienstes an. Die Erwartung an die Christen, ihr „Ich" nicht in den

Vordergrund zu stellen, entspricht diesen theologischen Aussagen als ethisches Ideal.

Wie vermittelt sich die religiöse Aussage von der Freiheit „in Christus" zu sozialwissenschaftlichen Theorien der Person und der Gesellschaft? Christen sind durch ihre Freiheit „in Christus" keine weltenthobenen Wesen. Sie sind von ihrer Umwelt geprägt wie alle anderen Menschen. Ihre Freiheit bewährt sich nicht in der (illusorischen) Verleugnung ihrer Umweltprägung, sie besteht in der kritischen Selbstaufklärung über sie. Erst die Selbstaufklärung ermöglicht Gestaltung in den Dimensionen der Freiheit „in Christus". In die Irre führt die Ansicht, die Freiheit der Christen wäre eine Sonder- oder Restfreiheit inmitten oder oberhalb von gesellschaftlichen Bedingungen, Zwängen und Verhaltensmustern. Christliche Freiheit versteht sich nicht als Freisein „von", sondern Freisein „zu" etwas. Freiheit meint also hier die unverwechselbare Art der Verknüpfung von Umweltprägungen, aus denen eine veränderte Qualität der Umweltbeziehungen erwächst.

Individuum und Gesellschaft können weder auf der Ebene des gedanklichen Entwurfs noch auf der Ebene des praktischen Handelns voneinander getrennt werden. Selbstsein und Sozialität des Menschen sind aufeinander bezogen. Identisch sind sie nicht. Aus dieser Feststellung ergibt sich eine Aussage von großer Tragweite. Weder kann das Individuum gegen die Gesellschaft noch die Gesellschaft gegen das Individuum verrechnet werden. Der Untergang des Individuums in einer omnipotenten Gesellschaft (die damit zum Moloch „Kollektiv" würde) ist ausgeschlossen. Ausgeschlossen ist umgekehrt auch der Untergang der Gesellschaft in einem Selbstmißverständnis von individueller Freiheit. Folgt das Individuum einer gesellschaftlich nicht mehr vermittelbaren Idee von „Selbstbestimmung", erliegt es einer Fiktion von Freiheit. Die soziologisch wie theologisch-ethisch belangvolle Frage lautet, wie die gelungene Balance von Individuum und Gesellschaft aussehen kann. Das historische Übergewicht des Wertes „Gemeinschaft" vor „Individualität" mahnt hier zu besonderer Wachsamkeit. Die christliche Tradition, so sehr sie auf der

Eigenwürde und Unverwechselbarkeit des Individuums vor Gott beharrt, erlag in der Vergangenheit nicht selten den Verheißungen eines prätendierten Gemeinwohls: zum Schaden der wohlverstandenen Selbstbestimmung des Individuums.

2. Christliche und nichtchristliche Ethik

In der „Lehre der zwölf Apostel", einer frühchristlichen Schrift, wird den Gläubigen eingeschärft: „Du sollst nicht töten, nicht ehebrechen, nicht Knaben schänden, nicht Unzucht treiben, nicht stehlen, nicht Zauberei treiben, nicht Gift mischen, du sollst ein Kind nicht abtreiben und das Geborene nicht töten, nicht den Besitz deines Nächsten begehren." Die „Lehre der zwölf Apostel" setzt Tugend- und Lasterkataloge fort, die uns schon im Neuen Testament begegnen. Löst man die ethischen Anweisungen aus ihrem Zusammenhang, könnten sie auch in den Schriften einer anderen Religion oder in einer philosophischen Ethik stehen. Sie sind nicht in ihrem konkreten Inhalt christlich, sie werden christlich erst durch den Rahmen. Was für die ethischen Anweisungen in der „Lehre der zwölf Apostel" gilt, trifft auf alle Aussagen des Christentums im Bereich der materialen Ethik zu. Es dürfte schwerfallen, auch nur einen einzigen ethischen Satz zu nennen, der als unverwechselbar christlich gelten kann. Selbst das immer wieder angeführte Gebot der Nächsten- und Feindesliebe hat Parallelen in anderen Religionen und Philosophien.

Religionsgeschichtlich und soziologisch unterliegen die Versuche, ethische Werte und Normen der Gesellschaft durch die Berufung auf Gottes Autorität als christlich auszugeben und mit unbedingtem Geltungsanspruch auszustatten, starken Bedenken. Vergleiche zwischen der ethischen Wertewelt der Religionen zeigen, wie problematisch die Verknüpfung von Gottes Autorität mit dem ethischen Haushalt bestimmter Kulturen ist: mit ihrem Gebots- und Verbotskodex, ihren Sitten und Bräuchen. Ein Christ wird der islamischen Auffassung, die Rechtsaussagen des Koran seien normative Weisungen Gottes, ebensowenig zustimmen wie ein Muslim den judäo-christlichen Gebots- und Verbotstraditionen. Je weiter sich die materiale Ethik in die Alltagswelt ausdifferenziert, desto strittiger wird all das, was als Gottes Gebot gelten kann. Erledigt ist das religiöse Begründungsproblem für das Wert- und Normengefüge in den Kulturen damit nicht. Wohl aber bedarf es der Vermittlungsinstanz des kritischen Bewußtseins.

Weil das Christentum keine materiale „Sonderethik" besitzt, die sich von einer allgemeinen humanen Ethik unterscheiden ließe, besteht der Unterschied zwischen christlicher und nichtchristlicher Ethik allein in ihren Begründungen. Die christliche Begründung erwächst, wie bereits angedeutet, aus der Verschränkung von außer- und innerweltlichen Richtpunkten mit Bezug auf die Person des Erlösers. Ansonsten stehen Christen ethisch auf dem gleichen Boden wie all jene, die auf vernünftige und humane Art die Lebenswirklichkeit gestalten. Über ein höherwertiges ethisches Wissen in den Sachfragen verfügen sie nicht. Der schwedische Theologe Gustav Wingren bemerkte treffend: „Gott kann mit Hilfe aller vernünftigen und willigen Menschen die Gesellschaft verändern. Er erwartet nicht, daß Menschen der Gemeinde Christi mit einem Monopolanspruch von Güte in der Gesellschaft auftreten, genausowenig in der Politik und schon gar nicht, wenn es gilt, Kinder auf die Welt zu bringen, Häuser zu bauen oder Ökokatastrophen zu verhindern."

Durch die Reformation erhielt die Lebensgestaltung im Alltag neben der Befolgung kirchlicher Lebensordnungen ihre eigene (religiöse) Würde. Die Vielfalt der Lebenswirklichkeit ist in den offenen Gesellschaften der Neuzeit und Moderne nicht durch kirchliche Ordnungen zu regulieren. Die verantwortliche Entscheidung des Einzelchristen am jeweils gegebenen Ort tritt deshalb mehr und mehr in den Mittelpunkt. Die Vielgestaltigkeit der Situationen und ethischen Optionen, vor denen die Christen stehen, bildet eine theoretische und praktische Schranke gegen die Vorstellung von einer zeitlos gültigen christlichen Ethik. Durchweg anerkannt ist das Prinzip Freiheit in Verantwortung in den Kirchen nicht. Ein bekanntes Beispiel sind die Konflikte in der römisch-katholischen Kirche im Zusammenhang mit den erlaubten/unerlaubten Mitteln der Schwangerschaftsverhütung. Nicht wenige Christen, die sich auf diesem Gebiet als mündige ethische Subjekte begreifen und die offizielle Morallehre ablehnen, verstehen sich trotzdem als gute Katholiken.

Das ethische Werte- und Verhaltensgefüge von Christen ist keine beweisfähige Glaubensgröße. Christlicher Glaube erschöpft sich nicht in Ethik, und die Ethik kann nicht an die Stelle des Glaubens treten. Hier liegt einer der Gründe, weshalb sich, entgegen populärer Mißverständnisse, die Glaubwürdigkeit des Christentums nicht an einer sozial gelungenen Ordnung des menschlichen Lebens oder an der individuellen Lebensführung ablesen läßt.

Aus der Annahme der Beweisfähigkeit des Glaubens durch die Ethik und der Ethik durch den Glauben gingen aus dem Christentum Sozialbewegungen hervor, die nicht selten utopische Züge annahmen. Die Bergpredigt trat dabei häufig in den Status eines politisch-sozialen Programms. Spuren eines utopischen Christentums begegnen uns schon in früher Zeit. In der Neuzeit und Moderne finden sie sich in manchen Spielarten der religiös-sozialen Bewegungen. Das Streben nach einer idealen Ordnung der Gesellschaft verknüpft sich hier zum Teil mit religiösen Visionen zur Heilung des Universums. Über Johann Christoph Blumhardt (1805–1880), den Seelsorger, Krankenheiler und Sozialisten in Bad Boll, urteilte ein Bewunderer: „Sein Heil war ... ein Heilen in der Kraft des göttlichen Geistes, der von ihm ausstrahlte. Seine Erfahrungen auf diesem Gebiet brachten Blumhardt zu der Erkenntnis, daß Gott ein heilender Gott ist, daß er ein Verhältnis zur Welt und allen Dimensionen der Wirklichkeit hat." Es scheint, daß die Gestaltung der menschlichen Lebenswirklichkeit überfordert wird, wenn man sie mit theologischen Heilskategorien verknüpft. Gesellschaftsordnungen, die sich religiös beweisfähig machen wollen, stoßen in aller Regel schnell an Grenzen und kippen in das Gegenteil des Gewollten um. Die Ablehnung der Auffassung von der Beweisfähigkeit – oder vorher schon: der Beweispflichtigkeit – ethischen Handelns für den Glauben trifft auch im Umkehrschluß zu. Passivität oder Verweigerung bei der Gestaltung einer menschenwürdigen Gesellschaftsordnung ist ethisch kritikwürdig, doch kein Beweis gegen den Glauben. Die Sozialkritik am Christentum, die wegen dessen teils behauptetem, teils tatsächlichem ethischen Versagen den gesamten Bau des christlichen Glaubens als hinfällig ansieht, beruht auf der Verwechslung einer Religion mit einer Sozialbewegung. Verständlich wird sie im Blick auf die innerweltliche Dimension des christlichen Glaubens und auf die Verknüpfung von Religion und Gesellschaft in den vom Christentum durchdrungenen Zivilisationen. Bei der Gestaltung des menschlichen Lebens – seinem „Gegebensein", dem Auftrag zu seinem „Geben" sowie bei der Bewußtmachung der Voraussetzungen und Folgen unseres Handelns (T. Rendtorff) – ist die humane Vernunft gefragt.

3. Individual- und Sozialethik

Der Mensch befindet sich im Schnittpunkt von Selbstsein und Sozialität. Er ist weder ausschließlich er selbst, gesellschaftlich exterritoriales Wesen, noch ist er ausschließlich Produkt seiner Umwelt. Zwischen Individualethik und Sozialethik einen prinzipiellen Gegensatz zu konstruieren, ist unmöglich. Da der Mensch immer in bestimmten Verhältnissen existiert, kann die Individualethik nur als konkrete Sittlichkeit entfaltet werden. Darauf weist schon der Begriff „Ethos" hin. In seiner ersten Bedeutung meint Ethos den gewohnten Sitz, den Aufenthalt, den Wohnort, die Heimat. In seiner zweiten Bedeutung bezeichnet Ethos Denk- und Handlungsweisen: sittliche Beschaffenheit, Charakter, Gesinnung, Weltanschauung.

Bei der Gewichtung der Individual- und Sozialethik lassen sich in der christlichen Tradition Wellenbewegungen beobachten. In den älteren Tradition lag das Schwergewicht auf der Individualethik, auf der Lebensführung des Einzelnen. Die Sozialethik mit ihren verschiedenen Teilen (Wirtschaftsethik, Arbeitsethik, politische Ethik, Kulturethik usf.) setzte weithin beim Individuum an. Die Einsicht in die natürlichen und gesellschaftlichen Bedingungen der individuellen Lebensführung erzeugte unter dem Einfluß der modernen Sozialwissenschaften dann eine Art Umpolung des ethischen Ansatzes. Der Schwerpunkt verlagerte sich von der Individual- zur Sozialethik. In den Ethik-Diskussionen der Gegenwart wird dem Individuum wieder neue Aufmerksamkeit geschenkt. Das „ethische Subjekt" im Singular ist die Voraussetzung, um die Gesamtheit der menschlichen Lebensformen sachgerecht zu beurteilen. Im übrigen muß man respektieren, daß der Mensch trotz seines Wissens, daß er seiner Natur nach „zoon politikon" (Aristoteles: „Politik") ist, in der Authentizität seines ethischen Verhaltens „unbelehrbar" bleiben möchte. Er will und kann nicht bloß Funktionswesen sein. Die Welt des ethischen Handelns läßt sich nicht aus einem Ansatz der Ethik der Person entfalten, doch auch nicht ohne sie.

Die christliche Ethik sieht den Menschen in seinem ethischen Handeln begrenzt und gebrochen. Indem der Mensch in der Gemeinschaft steht, hat er Anteil auch an deren Grenzen. Sie verweisen auf eine „Gesamtschuld", weil es nicht gelingt, die Fülle des Lebens allseitig zu entfalten. Sodann: Das Individuum selber ist in einen unauflöslichen inneren Widerspruch verstrickt. Er besteht zwischen seinem So-Sein und seinem Sollen, religiös ausgedrückt zwischen seiner göttlichen Bestimmung und seinem Widerstreben gegen Gott. In der Begriffswelt der paulinischen Theologie wird der Abgrund des anthropologischen Selbstwiderspruchs als Gegensatz von „sarkikos" (fleischlich) und „pneumatikos" (geistlich) gekennzeichnet. Aus eigener Kraft vermag der Mensch seine Zerrissenheit nicht aufzulösen. Die Zerrissenheit im Kernbereich der menschlichen Existenz ist begleitet von Zerrissenheiten geringerer Reichweite. Sie resultieren aus der permanenten Uneindeutigkeit der ethischen Situation. Was dem einen als ethisch „gut" oder geboten erscheint, kann in den Augen eines anderen das glatte Gegenteil sein. Nicht selten verlagert sich dieser Gegensatz in das ethische Subjekt selber. Sein Schicksal besteht darin, sich zwischen „trial and error" zu bewegen und die Folgen seiner Handlungen meist nicht kalkulieren zu können. Das Gewissen hilft ihm dabei nur bedingt, denn als Instanz ethischer Orientierung unterliegt es erkenntnistheoretisch und empirisch einer erheblichen Skepsis. Paulus spricht im Brief an die Römer von einem „ins Herz geschriebenen Gesetz", welches selbst denjenigen vertraut sei, die außerhalb eines bestimmten religiösen und zivilisatorischen Wissens (hier: des jüdischen Kulturkreises) stünden (2, 15). Die Frage, ob dem Menschen eine ethische Wissensqualität – sein Gewissen – immer schon anhaftet oder ob er eine tabula rasa darstellt, bleibt indes theologisch, philosophisch, psychologisch umstritten. Dieser Sachverhalt ist gleichfalls ein Ausdruck von Zerrissenheit.

Die ernüchternden Analysen der conditio humana im Licht der Religion verwehren es, den Menschen zum ethischen Heros zu stilisieren. Begleitet sind sie vom Zuspruch der Gnade und Hilfe Gottes. Nach christlicher Überzeugung schenkt Gott dem Menschen die Freiheit und die Freude des Lebens: eines Lebens, das der ständigen Vergebung und Heilung bedarf. Freiheit zum Leben, welche die Freude am Leben einschließt, wird in der christlichen Ethik der Gegenwart als ein Schlüssel verstanden, mit dem sich lange verbarrikadierte Türen der Tradition öffnen lassen. Soziale Strukturen, in denen der Mensch als Individuum besonders sensibel ist – Ehe, Familie, Geschlechterbeziehung – und die in der Geschichte des Christentums den Charakter von unveränderlichen Seinsstrukturen zugesprochen erhielten, werden in ihrer zivilisatorischen Relativität erkannt.

4. Arbeit, Wirtschaft, Soziales

Daseinsvorsorge durch Arbeit bestimmt in hohem Maße das menschliche Miteinander. Nach dem Zeugnis des Alten Testaments ist die Arbeit kein Verhängnis, das den Menschen nach seiner Vertreibung aus dem Paradies ereilt. Auch im Paradies gehört die Arbeit zum Leben. Gott versetzte den Menschen in den Garten Eden, „damit er ihn bestelle und behüte" (1. Mose 2, 15). Die Mühsal, die nach dem „Sündenfall" auf der Arbeit lastet, entwertet diese nicht in der Substanz. Arbeit ist eine Funktion des Lebens. Sie zum Lebenszweck zu erheben, ist dem Alten Testament fremd. Die alttestamentlichen Aussagen zur Arbeit besitzen für das Christentum besondere Bedeutung, nicht zuletzt deshalb, weil die Schriften des Neuen Testaments sich zur Arbeit entweder gar nicht oder nur beiläufig äußern. Im Neuen Testament wird niemand zur Arbeit berufen. Die Berufung erfolgt immer nur zum Dienst an Gott und der Gemeinde. Arbeit ist Nebenzweck zur Ermöglichung des Hauptzwecks, der Verkündigung von Gottes Herrschaft.

Jesu Predigt und die Entstehung der christusgläubigen Gemeinden markierten nicht den Beginn eines neuen Programms innerhalb der Arbeits-, Wirtschafts- und Sozialstrukturen der Antike, erbrachten aber einige arbeitsethisch wirksame Anstöße: die Mahnung vor übertriebener Daseinsvorsorge, vor Selbstsucht und dem Dienst am „Mammon". Einen ethischen Fingerzeig enthält die Tatsache, daß Jesus zur Nachfolge im strikten Sinn nur relativ wenige Anhänger um sich versammelte und andere Menschen in ihrem Lebenskreis in Haus und Beruf beließ.

Paulus empfahl in seinen Briefen, sich von arbeitsunwilligen Gliedern der Gemeinde zurückzuziehen, falls Ermahnungen nicht fruchteten (2.Thessalonicher 3, 6ff.). Die Arbeit wird hier als Mittel verstanden, anderen nicht zur Last zu fallen. Im nichtpaulinischen Brief an die Epheser ist ausgedrückt, Arbeit sei die Voraussetzung zur Hilfe für andere (4, 28). Die Meinung, solche Hilfe sei religiös verdienstlich, brach im ersten Drittel des 2. Jahrhunderts im Barnabasbrief durch. Fortan blieb sie im christlichen Verständnis erhalten.

Eine Erfahrung der Ambivalenz und Zwiespältigkeit, welche die Arbeit zwischen Segen und Plage pendeln läßt, blieb stets gegenwärtig. Ihr religiöser Hintergrund ist in der anthropologischen Rangordnung zu suchen, die den Menschen aus christlicher Sicht kennzeichnet. Der Mensch hat sich als Gottes vergängliches Geschöpf zu erkennen und nicht als ein Wesen, das sein Dasein durch Arbeit gewinnt oder sich gar durch sie verewigt und Gott sein Schöpfertum streitig macht. Die mittelalterliche Höherordnung der „vita contemplativa" vor der „vita activa" war für diese Auffassung ein zivilisationsgeschichtlich sinnenfälliger Ausdruck. Das mönchische Arbeitsethos der abendländischen Tradition („ora et labora": „bete und arbeite") verstand sich nicht als Beitrag zur gesellschaftlichen Daseinsvorsorge, obwohl es de facto zu ihr einen erheblichen Beitrag leistete. Die Arbeit war eingeordnet in den Aufbau der religiösen Biographie als Tugend- und Bußübung. Im Gegensatz zur Arbeits- und Berufsethik der Reformation lebt in der römisch-katholischen Tradition dieses Verständnis von Arbeit weiter, ohne sich in ihm zu erschöpfen.

Ein arbeitsethischer Impuls, der alle christlichen Kirchen, wenn auch keineswegs gleichmäßig, durchdringt, ist das biblische Wort „Seid fruchtbar und mehret euch, füllt die Erde an und macht sie euch untertan" (1. Mose 1, 28). An dieses Wort heften sich in unserer Zeit konträre Deutungen. Alarmiert durch den irreversiblen Schwund der Rohstoffe des Erdballs richten Zivilisationskritiker an das Christentum den Vorwurf, den göttlichen Auftrag zur Herrschaft in der Schöpfung als Ermächtigung zu ihrer Ausbeutung mißbraucht zu haben, falls sie die biblische Aufforderung nicht überhaupt als eine grundsätzlich falsche religiöse Weichenstellung im judäo-christlichen Kulturkreis brandmarken. Ihre Durchschlagskraft gewinnen die zivilisationskritischen Argumente unter anderem durch Hinweise auf den „syllogismus practicus" der calvinistischen Tradition: Der Calvinismus des puritanischen Typs schloß vom Erfolg im Arbeits- und Wirtschaftsleben auf Gottes Erwählung. Da der „syllogismus practicus" im anglo-amerikanischen Kulturraum eine besondere Pflege erfuhr, dieser Kulturraum aber wiederum ein außergewöhnlich großes Arbeits- und Wirtschaftspotential mit ökologisch aggressiven Folgen entwickelte, mutet der hier unterstellte Zusammenhang als besonders beweisfähig an. Die zivilisationskritischen Reflexionen signalisieren eine Differenz. Sie besteht in der Spannung von religiöser Innendeutung des Christentums und seiner soziologischen Außendeutung. In der religiösen Innendeutung dominiert der Gedanke, der Mensch sei zum Mitarbeiter in Gottes Schöpfung berufen. Die Ermächtigung zur Willkür ist damit nicht gemeint. Im Gegenteil, die Selbstimmunisierung des Menschen gegen die Folgen seines Tuns widerspräche den ethischen Grundeinsichten vom Gegebensein des Lebens und der Pflicht zur Weitergabe. Vielfach sind Christen zum Vorreiter der ökologischen Bewußtseinswende geworden – mitunter durch eine theologisch problematische Überakzentuierung der „Heiligkeit" der Schöpfung.

Mit der Daseinsvorsorge durch Arbeit korrespondiert die Gestaltung der Wirtschaftsordnung. Im Verlauf seiner Geschichte durchlief das Christentum die Stufen der Agrar-, Manufaktur- und Industriewirtschaft. Die der agrarwirtschaftlichen Stufe vorausgehende Hirtenwirtschaft steht wirtschaftsgeschichtlich nicht an der Wiege des Christentums. Die Gleichzeitigkeit von ungleichzeitigen Wirtschaftsstufen in den Einflußzonen des Christentums schafft wirtschaftsethisch eine vielgestaltige Lage.

Die Ordnung der Wirtschaft wirft Fragen auf, bei denen sich Wirtschafts- und Sozialethik überlagern. Ethische Kernthemen sind das Eigentum, der Umgang mit den Wirtschaftsgütern und die Maßstäbe ihrer Verteilung. In den Schriften des Neuen Testaments findet sich weder eine Rechtfertigung noch die Bestreitung einer bestimmten Ordnung des Eigentums. Eine Höherschätzung des Gemeineigentums vor dem Privateigentum ist nicht erkennbar. Jedoch meinte Bischof Ambrosius von Mailand im 4. Jahrhundert im Anschluß an Gedanken der Stoa: „Sunt autem privata nulla natura", Privateigentum sei nicht der Natur gemäß. Die kirchliche Tradition in den christlichen Gesellschaften der Jahre zwischen 500 und 1500 antwortet auf das Problem des Erwerbs von Eigentum, des ererbten, des selbst erwirtschafteten, des privaten oder „obrigkeitlichen" Eigentums, nur sporadisch. Die Kirchen selber waren Besitzer von Eigentum in beträchtlichen Größenordnungen.

Wie die Arbeit steht auch das Eigentum in einem gewissen Zwielicht. Der Besitz irdischer Güter bringt Gefährdungen für den Eigentümer mit sich, unter denen auch die von ihm abhängigen Menschen zu leiden haben: Habsucht, Hartherzigkeit, Mißbrauch. Umgekehrt kann (und soll) das Eigentum durch seinen verantwortlichen Gebrauch Segen stiften. Voraussetzung ist, daß der Eigentümer sich innerlich von seinem Besitz frei macht. Der Weg der freiwilligen Armut, von Christen aller Zeiten immer wieder beschritten, gilt als eindrucksvolles Zeichen der Jesusnachfolge, doch keineswegs als die einzig mögliche Form des Umgangs mit dem Eigentum. Die radikalen Armutsbewegungen des Mittelalters empfand die etablierte Kirche als Störung. Die Orden reagierten auf sie mit der Integration des Armutsideals, etwa durch Neubelebung der mönchischen Askese. Teilweise wuchs aus der Auffassung von der Teilungs- bzw. Mitteilungspflichtigkeit des Eigentums der Gedanke einer äußeren Rechtspflicht des Eigentümers heraus (und bei den Nichteigentümern: der Gedanke der Berechtigung). John Wyclif sah hier den Ansatz für ein kommunitäres Gemeinwesen.

Bekämpft wurde das private Eigentum auf dem „linken Flügel" der Reformation: „Wer Eigenes hat, der kann des Herrn Abendmahls nicht teilhaftig sein." Luther wies diese Forderung als gesetzhaftes Mißverständnis der Glaubensgerechtigkeit zurück. Seine Unterscheidung zwischen geistlichem Reich (regnum Christi) und bürgerlich-weltlichem Reich (regnum civile) schärfte sich nicht zuletzt an der in seinen Augen irrigen Meinung, Eigentumsverzicht führe zur Glaubensvollkommenheit. Über die Gefahren des Eigentums urteilte auch er kritisch, und zwar im Horizont des frühmodernen Wirtschaftskapitalismus (Zinswesen, Wucher).

Die Ungleichheit der Besitzverhältnisse, das Problem der Macht durch Eigentum und die Folgen der abhängigen Arbeit blieben in der Christentumsgeschichte lange unterschätzt. Die Verknüpfung von innerweltlichen Heilserwartungen mit Programmen zur „Vergesellschaftung" der Produktionsmittel und des Eigentums in den Sozialbewegungen des Industriezeitalters war ein Gegenschlag gegen die kirchliche Mentalität des Status quo. Die Vergesellschaftung der Produktionsmittel als alleiniges Mittel zur Heilung von Schäden der Gesellschaft anzusehen, stieß nahezu durchgängig auf herbe kirchliche Kritik. Auch der Wirtschaftsliberalismus fand kaum Befürworter. Der schottische Sozialpionier Thomas Chalmers (1780–1847) erteilte ihm bereits 1808 eine Absage („An inquiry into the Extent and Stability of National Resources"). Zwischen dem kapitalistischen Prinzip des ungezügelten „laisser faire" und den sozialistischen Modellen Wege der Wirtschafts- und Sozialgestaltung zu finden, wurde seither in den Kirchen als Daueraufgabe empfunden. In Deutschland war der 1890 gegründete „Evangelisch-Soziale Kongreß" ein Podium für entsprechende Debatten. In Frankreich entstand ungefähr zur gleichen Zeit der „Christianisme social", in den USA wenig später die Bewegung des „social gospel" („Soziales Evangelium"). Die Spannung zwischen eher liberalen und mehr sozialen bzw. sozialistischen Optionen zeigt sich bis in die Gegenwart: in den Überlegungen zur Gestaltung der künftigen Weltwirtschaftsordnung. Legt man den Schwerpunkt auf den internationalen Wettbewerb, ergeben sich andere Schlußfolgerungen als bei einer Wirtschaftsordnung, deren übergreifendes Regulativ in der Herstellung sozialer Gerechtigkeit besteht. Verschärft wird die Situation im Kontext der globalen Industrialisierung und des Bevölkerungswachstums durch die Zerstörung der natürlichen Umwelt. Die Kirchen sehen sich als Anwalt derer gefordert, denen die Solidarität verweigert wird. Die Enzyklika „Sollicitudo rei socialis" (1987) spricht von einer „Option für die Armen" als Testfall des Christlichen. Ein Schlüsselbegriff der römisch-katholischen Soziallehre in unserem Jahrhundert ist das Subsidiaritätsprinzip. Im Kern meint Subsidiarität Hilfe zur Selbsthilfe: Entwicklung von Kompetenz, die den anderen nicht vom Helfenden abhängig macht. Die protestantische Sozialethik namentlich Kontinentaleuropas bleibt bei materialen Aussagen insgesamt zurückhaltender. Die Gestaltung der Wirtschafts- und Sozialordnung wird als das Gebiet vernunftgeleiteten Handelns zwischen zwei konträren Polen gesehen: der Erwartung einer Selbstregulation der Wirtschafts- und

Sozialkräfte auf der einen und der Utopie des Perfektionismus auf der anderen Seite.

5. Politische Herrschaft

Als das Christentum in die Geschichte eintrat, fand es sich in einem politischen Gemeinwesen im Übergang von der Republik zur Quasimonarchie des Prinzipats vor. Das System der republikanischen Ämter, das der Sicherung der Macht gegen Mißbrauch diente, erlebte eine Aushöhlung. An Recht und Gesetz blieb die Herrschaftsausübung der Machtträger in Rom nach wie vor gebunden. Eine eschatologische Relativierung der politischen Herrschaft durch das Einbrechen der Gottesherrschaft findet sich im Markusevangelium bei der Erörterung der Steuer für den Kaiser (12, 13–17). Abgesehen von der apokalyptischen Ausmalung des christusfeindlichen Weltreichs im 13. Kapitel der „Offenbarung" und einigen kritischen Attacken in der frühchristlichen Literatur scheinen die Christen keine grundlegende Schwierigkeit bei der Anerkennung der politischen Herrschaft gesehen zu haben. Paulus erklärte im Römerbrief: „Es gibt keine Obrigkeit ohne von Gott, und wo immer eine besteht, ist sie von Gott verordnet" (13, 1). Jedermann, also auch die Christen, hatte sie zu respektieren und sich ihr zu beugen. Ganz analog äußerte sich der Verfasser des 1. Petrusbriefs. „Seid jeder menschlichen Ordnung um des Herrn willen untertan, sei es dem Basileus (König oder: Kaiser) als dem obersten Herrn oder den Statthaltern als denen, die von ihm zur Bestrafung der Übeltäter und Belobigung der recht Handelnden entsandt werden" (2, 13).

Ihre religiöse Grundlage besaßen diese Weisungen durch den Glauben an die Weltregierung Gottes. Man war überzeugt: Gott überläßt seine Schöpfung nicht einem chaotischen Selbstlauf. Er ordnet sie, weil die Existenz der Menschen ohne ordnende Vorkehrungen nicht vorstellbar sei. Die „exousiai", die ordnenden Mächte, dienten der Erhaltung von Gottes Schöpfung bis zum Anbrechen des „neuen Äons". Herrschaftssoziologisch war mit diesen Markierungen eine religiöse Legitimation der politischen Macht (von Gott verordnet) und eine religiöse Entzauberung der Macht (Gott unterworfen) verknüpft. Eine absolute Majestät kam der politischen Macht nicht zu. Sie war Derivat von Gottes Macht: abgeleitete oder sekundäre Majestät. Das Attribut „divus" (göttlich) für den Kaiser oder gar dessen Verherrlichung als „deus" lehnten die Christen des Römischen Reichs ab. Die seit Konstantin dem Großen christlichen Kaiser standen unter dem gleichen Vorbehalt der sekundären Majestät im Angesicht der prima majestas Dei, der überragenden Herrschaft Gottes.

Herrschaftsethisch bestand das Anliegen der Christen darin, die politischen Machtträger daran zu erinnern, daß ihre Herrschaft von Gott verliehen sei, und sie zu Gerechtigkeit, Frieden und Güte zu mahnen. Das älteste uns bekannte christliche Gebet für politische Machtträger ist in diesem Sinne formuliert. „Verleihe ihnen, o Herr, Gesundheit und Frieden, Eintracht und Stetigkeit, damit sie untadelig führen die Herrschaft, die Du ihnen gegeben hast" (1. Clemensbrief; ca. 96 n. Chr.). Als Auftrag und Ziel der politischen Herrschaft galt die Verwirklichung des Guten und Gerechten.

Staat im neuzeitlichen Sinne waren die politischen Wirkungs- und Entscheidungseinheiten der Antike und nach ihnen diejenigen des Früh- und Hochmittelalters noch nicht. Erst im 13./14. Jahrhundert entstanden auf dem Boden Europas Organisationsformen, die in die Entwicklung des neuzeitlich-modernen Staates einmündeten. Genügte bis dahin eine Auffassung von Herrschaft, die subjektiv durch die Verantwortung des Herrschers vor Gott qualifiziert war, so traten allmählich intersubjektive Instanzen der Machtregulierung hinzu. Die englische Magna Charta von 1215 formulierte das Recht des Rates der Barone, den König zur Rückkehr zum Recht zu zwingen oder ihn zu suspendieren. Die politische Herrschaft geriet in langfristigen Entwicklungsprozessen in den Bereich der Mitsprache der Herrschaftsunterworfenen und der Öffentlichkeit.

Die Ausbildung von Elementen der Herrschaftskritik und -kontrolle war von eminenter Bedeutung. Man würde die christliche Herrschafts- und Staatsethik unzulässig vereinfachen, sähe man neben dem Obrigkeitsgehorsam um der Ordnung des menschlichen Zusammenlebens willen nicht auch die Elemente der Kritik und des Ungehorsams bzw. Widerstands. Im übrigen hatte sich in dem mittelalterlichen Ringen zwischen Sacerdotium und Imperium eine Konfliktgeschichte eigener Art abgebildet. Unter den Verhältnissen der Neuzeit und Moderne setzte sie sich im Ringen um die Grenzen staatlichen Handelns auf dem Gebiet der Religions- und Kirchenpolitik fort.

Im Spätmittelalter griffen christliche Herrschaftstheoretiker auf antike Vorbilder zurück – zum Beispiel auf die Ephoren Spartas und die Volkstribunen Roms –, um die ungezügelte Herrschaftsausübung einzudämmen. Marsilius von Padua († 1343) und Nikolaus von Kues († 1464) arbeiteten mit naturrechtlich begründeten Konstruktionen der Volkssouveränität und des Herrschaftsvertrags. Zwecks Abwehr der Lehre von der unbeschränkten Fürstensouveränität stieß man bis zur politischen ultima ratio des Tyrannenmords vor. Das Konzil von Konstanz erklärte den Tyrannenmord 1415 freilich für unerlaubt. Theologen der Societas Jesu hielten im 16./17. Jahrhundert weiterhin an dieser Lehre fest. Sie konnten sich dabei auf den Kirchenlehrer Thomas von Aquino berufen, der den Tyrannenmord als Akt der Notwehr unter bestimmten Voraussetzungen nicht ausgeschlossen hatte.

Erweiterungen erlebte das Spektrum der christlichen Herrschaftskritik im Zeitalter der Reformation. Weil die Reformation kirchlich und reichsrechtlich als ein Fall von „Widerstand" behandelt wurde und den Betroffenen die gegen sie aufgewandten Machtmittel als unbillig erschienen, bildete sich auf reformatorischem Boden ein reiches Arsenal von herrschaftskritischen Gedanken. Luther neigte dazu, eine politische Obrigkeit, die ihr gottgegebenes Amt verfehlte, dem strafenden Handeln der „Rächer" und „Wundermänner" Gottes anheimzugeben. Die Argumente der Juristen nahm er zögernd, doch schließlich zustimmend auf. Gesetzt den Fall, daß ein apokalyptischer Tyrann sowohl das Evangelium wie das Recht mit Füßen trat, erklärte auch Luther den Kampf bis zum Äußersten als geboten. Calvin und Melanchthon, stärker an den Rechtsmaterien orientiert, griffen auf die antike Ephoren-Theorie zurück, um geistlich und politisch mißbrauchte Macht in die Schranken zu weisen. Die bei den Reformatoren vorwiegend situativ entwickelten Elemente der Herrschaftskritik brachte Johann Althusius in seiner „Politik" von 1603 in einen allseitigen juristischen Begründungszusammenhang.

In Kontinentaleuropa fand das Widerstandsrecht, ein durchaus dynamischer Faktor bei der neuzeitlichen Staatsgestaltung, während der Epoche des fürstlichen Absolutismus zunächst keine Fortsetzung. In England hingegen blieb es lebendig und förderte die Entwicklung der Menschenrechte. Die zivilisations- wie christentumsgeschichtlich gleichermaßen belangvollen Schlüsseljahre dieser Entwicklung fielen in die Zeit des englischen Bürgerkrieges und der puritanischen Revolution 1641/42–1660.

Der Staat verwirklicht seine obrigkeitliche Funktion im Auftrag Gottes. Diese Glaubensaussage läßt sich staatsphilosophisch und herrschaftssoziologisch transformieren in die Aussage: Die Sozialnatur des Menschen erfordert den Staat. Was die innere Ausgestaltung des Staatsdenkens anging, griff die abendländische Kirche auf das Naturrecht zurück. Das Naturrecht bildete eine Instanz der Vermittlung zwischen Transzendenz und Immanenz. Mit den von Gott gegebenen Grundstrukturen des menschlichen Daseins – so der aus Griechenlands Philosophie aufgenommene Gedanke – seien Rechtsstrukturen gegeben. Gottes Ordnung verwirkliche sich im natürlichen Gesetz (lex naturalis) und im zeitlichen Gesetz (lex temporalis). Die scholastische Theologie unterstrich das dem Menschen angeborene sittliche Erkenntnisvermögen, welches ihn befähige, die obersten Grundsätze des Naturrechts zu erkennen. Durch den Einbau von Prinzipien mittlerer Reichweite in den Grundbestand naturrechtlicher Aussagen war es möglich, zu ethischen Konkretionen zu gelangen. Das Naturrecht gab dem Staat gleichermaßen eine Begründung wie eine Begrenzung. Das Gewissen sollte gegen unzumutbare Beanspruchungen geschützt sein, und auch andere Grenzen waren der politischen Herrschaft auferlegt. Gebrochen wurde das Vertrauen in das Naturrecht erst durch die erkenntniskritische Arbeit der Aufklärung. Vom Sein auf das Sollen zu schließen war nicht möglich. Das Naturrecht wurde kritisch zerlegt als ein philosophisch-religiöser Überbau zur Stützung empirischer Sachverhalte, denen keine überzeitliche Struktur zuzusprechen war.

Bei den Überlegungen zur Form des Staates hielt sich in den christlichen Kirchen Europas bis zum Spätmittelalter die Ansicht, die Monarchie sei allen anderen Formen der Staatsorganisation vorzuziehen. Das Herrschaftsmodell der Aristokratie mutete als wenig einsichtig an, besaß auch nur geringen Rückhalt in den geschichtlichen Gegebenheiten. Die dritte Grundform des Staates neben Monarchie und Aristokratie, die Demokratie, und das Obrigkeitsverständnis des Neuen Testaments zusammenzudenken schien bis in die Frühe Neuzeit nahezu unmöglich zu sein. Man fragte, wie sich die Herrscherverantwortung im Gegenüber zu Gott realisieren könne, wenn das Subjekt der Herrschaft eine vielgliedrige Masse von Menschen sei und die Feststellung ihres jeweils konkreten Herrschaftswillens umständliche Vorkehrungen erfordere. Das Volk zum Souverän zu erklären, und mehr als das, ihm eine größere Herrschaftskompetenz zuzuschreiben als dem Monarchen, das blieb, vorausgreifend, einigen Denkern der katholischen Kirche des 14./15. Jahrhunderts vorbehalten, vor allem aber Laientheologen des Puritanismus im England des 17. Jahrhunderts. John Milton (1608–1674), der geniale Dichter und Politiker unter Oliver Cromwell, erklärte in seiner Schrift „Tenure of Kings and Magistrates" („Amtsführung von Königen und Obrigkeiten" 1649), die obrigkeitliche Gewalt sei geliehene Gewalt des Volkes. Die Gewalt könne dem Volk nur genommen werden durch Verletzung seines „natural birthright". Selbst wenn die Könige keine Tyrannen wären, könne das Volk sie absetzen „by the liberty and right of free born men". Im Puritanismus formierte sich eine demokrati-

sche Option, die dann für die Staatsform in der „Neuen Welt"
grundlegend wurde.

Seit dem 17./18. Jahrhundert stand im puritanischen Nordamerika die Demokratie dem mit Ausnahme der helvetischen
Konföderation monarchisch ausgerichteten Christentum Kontinentaleuropas gegenüber. Während der Französischen Revolution machte sich auf dem Boden des Hexagons der ver-
fassungstreue Klerus die Prinzipien der demokratischen Republik zu eigen. Ebenfalls in Frankreich wies zu Beginn des
19. Jahrhunderts der politische Denker, Dichter und nach-
malige Staatsmann Chateaubriand (1768–1848) in seinem
„Genie des Christentums" von 1802 auf demokratiefähige
Strukturen der Kirche hin. Er machte auf die Beratungs- und
Erscheinungsinstanzen der Konzile aufmerksam. In den
1830er Jahren verknüpften liberale Katholiken in Frankreich
die Idee des Papsttums mit der Idee des Volkes. Im Prozeß der
Ausdifferenzierung der Gesellschaft war die Monarchie im
19. Jahrhundert kein unbestrittener Partner der Kirche mehr
und konnte sogar als Instanz ihrer Bedrückung erlebt werden.
1885 erklärte die römisch-katholische Kirche in der Enzyklika
„Immortale Dei" die Neutralität der Kirche gegenüber den
Staatsformen. „Das Recht auf Herrschaft ... ist nicht durch
sich notwendig mit irgendeiner Form des Gemeinwesens
(„cum ulla reipublicae forma") verknüpft; man kann sich mit
Fug und Recht eine jeweils andere beilegen, sofern sie nur
wirklich den gemeinsamen Nutzen und das Gemeinwohl be-
wirkt." Ein Plädoyer für die demokratische Staatsform ent-
hielten diese Sätze nicht. Wohl aber war die Tür jetzt auch für
sie geöffnet. Die Pastoralkonstitution „Gaudium et spes" des
Zweiten Vatikanischen Konzils (1962–1965) nahm die heuti-
ge Sicht des Rechtsstaats mit seinen Kernelementen Menschenrechte, Gewaltenteilung, Demokratie auf.

Im Protestantismus Deutschlands blieb die demokratische
Option bis gegen die Mitte unseres Jahrhunderts blockiert.
Noch Dietrich Bonhoeffer (1906–1945) lehnte den ersten Satz
der Weimarer Verfassung „Alle Gewalt geht vom Volk aus"
als „grundsätzlich falsch" ab. Im Satz von der Volkssouverä-

nität sah er die theologische Wahrheit bedroht, daß alle Autorität ihre Vollmacht von Gott habe. Im Jahr 1933 öffnete sich der deutsche Mehrheitsprotestantismus einer Perversion der Demokratie, nämlich der „völkischen Demokratie" im Stile Hitlers. Mit dem Staatsvolk im neuzeitlich-modernen Sinn hatte das jetzt als „Gottesordnung" gefeierte Volk nichts zu tun. Es handelte sich um eine mit spekulativer Metaphysik und Kollektivpsychologie überladene Größe. Namhafte Theologen behaupteten, das innerste Wesensgesetz des deutschen Volkes, sein „Nomos", sei den „veräußerlichten Regelmechanismen" der westeuropäischen Politik überlegen. Durch die völkische Kehre der 1930er Jahre erhielt die Beziehung zwischen Protestantismus und Demokratie in Deutschland einen Akzent, der die ungeschützte Benutzung des Wortes Volk bis heute nicht leicht macht. Um so wichtiger war das in der Demokratie-Denkschrift der Evangelischen Kirche in Deutschland 1985 unmißverständlich ausgesprochene „Ja" zur Demokratie in der Bahn des modernen Rechtsstaats.

Auf ein gewichtiges Gebiet des politischen Herrschaftsthemas führt die Regelung der Verhältnisse zwischen Staat und Kirche. Staat und Kirche überschneiden sich in verschiedenen Bereichen. Sie sind, jedenfalls in Gesellschaften mit großkirchlichen Strukturen, aufeinander angewiesen. Belehrt durch die Erfahrungen neuzeitlich-moderner Staatsomnipotenz (sie reichen in unterschiedlicher Dichte vom Staat des fürstlichen Absolutismus über den nationalen Machtstaat des 19. bis zum „totalen Staat" des 20. Jahrhunderts), lebt in den Kirchen ein Bewußtsein dafür, daß sich die freiheitlich-rechtsstaatliche Qualität eines politischen Gemeinwesens gerade auch auf dem Feld der Religions- und Kirchenpolitik zu erweisen hat.

6. Gerechtigkeit und Recht

Die Reihenfolge Gerechtigkeit und Recht wie auch deren Umkehrung (Recht und Gerechtigkeit) ist nicht beliebig austauschbar. In beiden Fällen werden unterschiedliche Ausgangspunkte und Zielrichtungen markiert. Ausgeschlossen bleibt in beiden Versionen die Gleichsetzung des Rechts mit der Gerechtigkeit. Gerechtigkeit und Recht stehen zueinander in einem Beziehungsverhältnis, das jedoch kein Verhältnis der Identität werden kann. Gerechtigkeit ist durch Rechtssysteme nicht erreichbar.

Nach biblischem Verständnis ist Gerechtigkeit das Wesen Gottes. Gottes Gerechtigkeit meint mehr als vergeltende oder ausgleichende Gerechtigkeit, nämlich die Haltung des sich seiner Kinder erbarmenden Vaters. Sie enthält Elemente des Richtens und Elemente der Liebe. Das Glaubensgut Gerechtigkeit macht aus christlicher Sicht das Recht zum Widerschein einer Wirklichkeit, welche alle Rechtssysteme und -sätze transzendiert. Selbst die unscheinbareren Teile der Rechtswirklichkeit – z. B. das Pfandrecht, die Haftpflicht, die Schuldpflicht usf. – bedürfen nach christlicher Auffassung der regulativen Idee der Gerechtigkeit. Die Gerechtigkeitsidee erfüllt die Funktion, alle Rechtsquellen und -systeme der Gesellschaft als vorläufig und unvollkommen zu vergegenwärtigen. Das letzte Wort des Rechts ist theologisch gesehen nicht das Recht, sondern der Aufgang der „Sonne der Gerechtigkeit", wie es im Anschluß an die spätzeitliche Prophetie des Alten Testaments (Maleachi 3, 20) in einem Kirchenlied heißt. Mit der Gerechtigkeit wird die Frage nach dem Grund des Rechts gestellt.

In der abendländisch-christlichen Tradition sind zwei Begründungen der Gerechtigkeitsidee sichtbar: das Naturrecht und der biblische Glaube an Gottes Gerechtigkeit. In der naturrechtlich gestützten Gerechtigkeits- und Rechtstradition wird eine Kontinuität des Seins angenommen, die durch den „status corruptionis", also durch die Störung oder Zerstörung der Schöpfung, nicht völlig unterbrochen ist. Bestimmte unabdingbare Normen, so die Überzeugung, blieben erkennbar, insbesondere die naturrechtliche Hauptnorm „suum cuique", die austeilende Gerechtigkeit. Im römischen Katholizismus, im Anglikanismus und einigen Spielarten der reformierten Theologie ist die Orientierung am Naturrecht erhalten geblieben, und dies unbeschadet der erkenntniskritischen Einsichten des neuzeitlich-aufgeklärten Denkens. Das war sicher auch deshalb möglich, weil die Aufklärung selber ein Pathos des Naturrechts entwickelte. Im Streit zwischen kirchlicher Traditionskultur und zeitgenössischer Aufklärungskultur des 17./18. Jahrhunderts befand sich damals nicht das Naturrecht überhaupt, sondern vor allem die Frage nach dem Seinsgrund des Naturrechts. Stammte es aus Gottes Natur oder aus der Natur des Menschen? Außerdem war das Problem seiner Nutzung zu entweder konservativen oder progressiven Zwecken umstritten. Nach aufgeklärter Lesart erlegte das Naturrecht dem Menschen nicht nur Pflichten auf, es verschaffte ihm auch Rechte, beispielsweise das Recht der Glaubensfreiheit.

In der anderen Linie der abendländischen Tradition, dem biblischen Gerechtigkeitsglauben, ist das gedankliche Kernelement Gottes Offenbarung. Wie Gerechtigkeit und Recht von Gott her zu verstehen seien, ist dieser Begründung zufolge an den „Zehn Geboten" und der Botschaft des Neuen Testaments ablesbar. Das Naturrecht kann Teil der bibeltheologischen Sicht sein, besitzt aber nur stützende Bedeutung.

Das Recht dient dem sinnhaften Aufbau der sozialen Welt neben weiteren Teilsystemen der Gesellschaft. Von Brauch, Moral, Sitte und anderen Instanzen sozialer Normierung unterscheidet es sich durch schnellere Wandelbarkeit und seine institutionell garantierte Verbindlichkeit. Die normativen Geltungsgründe (hier konkret: des Naturrechts oder des Offenbarungsglaubens) für das Rechtssystem allgemein verbindlich machen zu wollen ist in modernen Gesellschaften nicht möglich. Sie besitzen bloß das Gepräge von Gruppenüberzeugungen. Im modernen europäischen Rechts- und Verfassungsstaat gelten all jene Elemente, die gerade auch im Sinne christlicher Gerechtigkeits- und Rechtsvorstellungen gepflegt und geschützt werden, als aufbewahrt in den Rechtsgütern.

Wenn der Geltungsgrund des Rechts, im konsequent rechtsstaatlichen Sinne wohlgemerkt, in seiner „Positivität" liegt, dann ergeben sich für die Rechtsethik aus christlicher Sicht mehrere Folgerungen: 1. Weil in der „Positivität" des Rechts die kritische Differenzierung von Religion und Gesellschaft, von Absolutem und Relativem, von Gerechtigkeit und Recht unterzugehen droht, ist die Erinnerung an das religiöse Herkommen und die historische Entwicklung der „Positivität" des Rechts wachzuhalten. 2. Die „Positivität" des Rechts ist zu verteidigen, um der Rechtswillkür keine Einbruchspforte zu öffnen. 3. Die Geltendmachung von Prinzipien und Ansprüchen, die nicht im geltenden Rechtssystem enthalten sind, kann nur mit den Instrumenten erfolgen, die im modernen Rechtsstaat dafür vorgesehen sind.

7. Kirche und Gesellschaft

In vormodernen Gesellschaften besaß das Christentum ein ethisches Monopol. Die Lebensführung der Sozialgruppen war kirchlich reguliert und reglementiert. Den Anfang zu dieser Entwicklung hatte der Wandel des Christentums zur Staatsreligion im 4. Jahrhundert gesetzt. In Europa hielten sich die staatskirchlichen Verhältnisse bis ins 20. Jahrhundert. In einigen Ländern besteht die Staatskirche bis auf den heutigen Tag. Freilich hatten die Kirchen im neuzeitlich-modernen Prozeß der gesellschaftlichen Differenzierung deutliche Einbußen ihrer öffentlichen Geltung hinzunehmen. Träger der gesellschaftlichen Leitkultur waren sie seit dem 19. Jahrhundert nicht mehr: weder in konfessionell einheitlichen noch in konfessionell gemischten Gesellschaften. Die „Identität" einer Gesellschaft ist ein bewußtseinsprägender Faktor nur in kleinen Kreisläufen der sozialen und kulturellen Organisation. Komplexe Gesellschaften lassen sich nach innen wie nach außen nicht eindeutig abgrenzen. Die Grenzen verfließen im innergesellschaftlichen Pluralismus und in der Vielfalt der Außenbeziehungen.

Die Kirchen reagierten auf die religiösen und ethischen Herausforderungen der pluralistischen Gesellschaft bis in die erste Hälfte des 20. Jahrhunderts mit kämpferischen Strategien zur Erhaltung ihres Monopols bei der gesellschaftlichen Wertbildung und Sinnstiftung. Die statistisch und soziologisch unleugbare Tatsache, daß die Kirchen nicht mehr für die gesamte Gesellschaft sprachen, forcierte das Ringen um gesamtgesellschaftliche Repräsentanz sogar noch.

Gegenwärtig scheint der ethische Einflußbereich der Kirchen in modernen Gesellschaften durch zwei Gegebenheiten gekennzeichnet zu sein. Zum einen: Sofern kirchliche Äußerungen zu ethischen Zeitfragen – von der Bioethik bis zur Arbeits- und Staatsethik – mit ohnehin breit konsensfähigen Ansichten übereinstimmen, werden sie entsprechend akzeptiert und zur Konsensverstärkung willkommen geheißen. Ansonsten verbleiben sie im Radius von Gruppenüberzeugungen. Die Überzeugungen anderer Gruppen werden ihnen mit dem gleichen Fug und Recht der freien Meinungsäußerung gegenübergestellt. Nur in wenigen Fällen wurden zunächst minoritär konsensfähige Überzeugungen majoritär konsensfähig und nahmen somit eine gesellschaftspolitische Vorreiterposition ein. Ein Beispiel ist die „Ostdenkschrift" der Evangelischen Kirche in Deutschland aus den 1960er Jahren. Zum anderen: Jenseits ihrer Verlautbarungen in Denkschriften, Hirtenworten, Enzykliken, Memoranden usf. sind die Kirchen in der Gesellschaft kontinuierlich ethisch wirksam, und zwar durch ihr alltägliches Da- und Tätigsein.

Diesem Faktum wird im Ethik-Verständnis des Christentums bislang noch wenig Rechnung getragen. Die Mentalität der Kirchenkritik in modernen Gesellschaften – sie lebt gleichermaßen innerhalb wie außerhalb der Kirchenmauern – bildet ein Hemmnis bei der Wahrnehmung der Kirchen als ethische Instanzen und Wirkungsfaktoren im Alltag der Gesellschaft. Der ethische Alltag der Kirche umfaßt alle ihre Tätigkeiten. Wohl keine Institution der Gesellschaft hält mit vergleichbarer Stetigkeit die Daseinsfragen wach: in der Predigt, in der Katechese, in der Taufe, der Eheschließung, bei der kirchlichen Bestattung und weiteren Anlässen. Blickt man auf die Sozialarbeit, auf Erziehung und Bildung, auf Kulturpflege, Sitte und Brauchtum und schließlich auch auf die kleineren und größeren Versammlungen der Kirche, etwa auf die Kirchentage, dann zeigt sich, wie weit der ethische Alltag der Kirche verzweigt ist.

Der ethische Alltag steht in Spannung zur Kirche als Schöpfung des göttlichen Worts, der „creatura verbi divini". Meßdaten für die Glaubwürdigkeit der „creatura verbi divini" gibt der ethische Alltag der Kirche nicht her. Auch eine Vorbildwirkung der „communio sanctorum", der Gemeinschaft der Heiligen, für die „communio civium", die Gemeinschaft der Bürger, wie das Karl Barth in seiner Schrift „Christengemeinde und Bürgergemeinde" (1946) unterstellte oder wünschte, dürfte kaum erkennbar sein. Die ethische und religiöse Bedeutung der Kirchen in der pluralistischen Gesellschaft resultiert vor allem aus der Verstetigung und ordnenden Pflege von Erfahrungen im Grenzbereich der Existenz der Menschen und der Wirklichkeit der Gesellschaft.

8. Zukunftsgestaltung

„Das Licht auf der Straße nach Damaskus entstand jenseits von Geschichte und Zeit", schreibt Owen Chadwick, „es kam aus der Ewigkeit." Bildet die Geschichte des Christentums bloß eine vergängliche Welle im Meer der Ewigkeit? Das Hauptaugenmerk des christlichen Glaubens gilt einer überzeitlichen Wirklichkeit. Was Christen jedoch in der Vergangenheit über Gott gesagt oder in seinem Namen getan haben und noch tun, ist keine Nebensache. Geschichte und Gegenwart sind Ort der unaufhörlichen Selbstauslegung und Darstellung des Christentums. Wie seine Mutterreligion, das Judentum, lebt das Christentum mit und durch Geschichte.

Als Weltreligion war das Christentum zivilisatorisch höchst einflußreich – oder soll man sagen: erfolgreich? In seiner Theologie und seiner kirchlichen Praxis vermochte es sublime Differenzierungen zwischen außerweltlicher und innerweltlicher Perspektive aufzubauen – Differenzierungen, in denen die Balance zwischen Weltdistanz und Weltförmigkeit keineswegs durchgängig gelang. Gerade weil das Christentum so stark auf die Welt einwirkte, steht es heute vor der Frage: geht es möglicherweise an seiner eigenen Erfolgsgeschichte zugrunde? Es gehört zu den eigentümlichen Kräften der Selbstdeutung, über die das Christentum verfügt, die Möglichkeit seines zivilisatorischen Todes selber ins Auge zu fassen und sie als Quelle religiöser Besinnung zu nutzen.

Prognosen über die Zukunft des Christentums sind spekulativ. Die Moderne und Postmoderne, anfänglich für den Beginn einer religionslosen Phase der Menschheitsgeschichte gehalten, quillt über von Religion. Das Bedürfnis des Menschen nach religiöser Vergewisserung scheint unbesiegbar. Die religiösen Phänomene der Gegenwart zeigen sich vielfach nicht mehr in den gewohnten Formen und sind deshalb schwerer wahrzunehmen.

Gegenwärtig steht das Christentum vor der Herausforderung, neue Formen der Verkündigung zu entwickeln. Glaube ist kein Akt des Erkennens oder ein Ersatz für die vernünftige Erschließung der Wirklichkeit. Gleichwohl unterliegt er in der wissenschaftlich-technisch geprägten Welt von heute erhöhten Ansprüchen an seine Plausibilität. Bestimmte Teile der religiösen Sprache muten Nichteingeweihten als archaisch an, und manches Kirchengebäude ist für Außenstehende bloß noch ein religiöses Museum, auch wenn in ihm ein reiches gottesdienstliches Leben pulsiert. Eine weitere Zukunftsaufgabe liegt in der Vertiefung der Gemeinschaft zwischen den Lokalkirchen durch die ökumenische Bewegung sowie in der „Konvivenz", dem gedeihlichen Zusammenleben mit den anderen Religionen der Welt. Schließlich: Auch wenn das humane Handeln von Kirchen und Christen in der Gesellschaft den christlichen Glauben weder zu begründen noch zu beweisen vermag, so ist es doch unverzichtbar. Die Hoffnung zur Umgestaltung des Erdballs in einen „Garten des Menschlichen" (C. F. von Weizsäcker) hat sich vor den Herausforderungen der ökologischen Krise, der sozialen und kulturellen Konflikte unserer Zeit und vor dem zivilisatorischen Syndrom der Zukunftsangst zu bewähren. In den Kirchen sind Bemühungen um eine christliche und interreligiöse Ethik spürbar, welche die Vielfalt nicht nivellieren, sie aber in eine veränderte Gesamtperspektive stellen.

In seinem Werk „Die elementaren Formen des religiösen Lebens" sprach Émile Durkheim 1912 von der Heteronomie der religiösen Systeme. Sie dienten der Kodifizierung anderer Systeme, nämlich der im denkbar weitesten Sinn verstandenen sozialen Verhältnisse. Bildet die Glaubenswelt des Christentums lediglich eine religiöse Verschlüsselung der menschlichen Gesellschaft? Ein anderer großer Religionssoziologe, Claude Lévi-Strauss, betonte gegen Durkheim, die Verschlüsselung der sozialen Wirklichkeit im „Mythos" stelle diese systematisch in eine „paradoxe Perspektive". Das bedeutet, das System Religion ist im Verhältnis zum Gesellschaftssystem autonom. Es besitzt einen uneinholbar paradoxen Charakter.

Die christliche Perspektive der Zukunft bekräftigt diese dialektische Paradoxie. Unsere geschichtliche (und also relative) Zukunft bleibt verwiesen auf die absolute Zukunft, die nach christlicher Glaubensüberzeugung in Gottes Menschwerdung Gestalt gewann. Die absolute Zukunft vollendet sich am Ende der Zeit in einem Heil, das mit der Geschichte nicht identisch ist, von ihr aber nicht abgelöst werden kann. Die Zukunft Gottes schließt die Zukunft der Welt ein.

Weltstatistik der Religionen

Gänzlich exakte Daten sind nicht zu gewinnen, weder für das Christentum noch für die anderen Religionen. Die Gründe dafür liegen in der statistischen Methodologie sowie in politischen und kulturellen Faktoren, beispielsweise dem Analphabetismus. Die nachfolgenden Angaben stützen sich auf „The World Almanac and Book of Facts", 1993, in der Bearbeitung durch Franz-Xaver Kaufmann.

Tabelle 1: Zusammensetzung der Weltbevölkerung nach Religionszugehörigkeit

Christen	1783,8 Millionen	(33,1 %)
Muslime	950,7 Millionen	(17,6 %)
Hindus	719,3 Millionen	(13,3 %)
Buddhisten	309,1 Millionen	(5,7 %)
Judentum/weitere Religionen	511,3 Millionen	(9,5 %)
Ohne religiöse Bindung	884,4 Millionen	(16,4 %)
Erklärte Atheisten	236,8 Millionen	(4,4 %)
Gesamtbevölkerung	5395,4 Millionen	(100 %)

Tabelle 2: Anteile der Konfessionen am Christentum

Katholiken	1 010,3 Millionen	(56,7 %)
Protestanten	368,2 Millionen	(20,6 %)
Orthodoxe	168,9 Millionen	(9,5 %)
Anglikaner	73,8 Millionen	(4,1 %)
Sonstige Christen	162,6 Millionen	(9,1 %)
Gesamtzahl	1 783,8 Millionen	(100 %)

Der in Richmond/Virginia tätige Missionsstatistiker David B. Barrett geht für das Jahr 1993 von einer Weltbevölkerung von 5 580 Millionen Menschen und dementsprechend auch von höheren Zahlen bei den Weltreligionen aus. So zählt Barrett für 1993 1 870 Millionen Christen (= 33,5 %) der Weltbevölkerung.

Die statistischen Großdaten geben nur bedingt Auskunft über religiöse Mehrheits- und Minderheitsverhältnisse, da sich die Lage in den Kontinenten und Ländern sehr unterschiedlich darstellt. Eine Eigenschaft haftet allen Global- und Regionalzahlen wie auch allen weiteren Zahlenwerken der Religions- und Kirchenstatistik an: Sie dringen nicht in jene Bezirke vor, in denen sich die religiöse Existenz des Menschen vollzieht.

Tabelle 3: Verteilung der Religionsgemeinschaften auf den Kontinenten (in Prozent)

Afrika

Christen	48,0 %
Muslime	40,8 %
Hindus	0,2 %
Buddhisten	–
Judentum/	
weitere Religionen	10,2 %
Ohne religiöse Bindung	0,3 %
Erklärte Atheisten	0,5 %

Nordamerika

Christen	85,3 %
Muslime	1,0 %
Hindus	0,5 %
Buddhisten	0,2 %
Judentum/	
weitere Religionen	3,5 %
Ohne religiöse Bindung	9,0 %
Erklärte Atheisten	0,5 %

Asien

Christen	8,1 %
Muslime	19,7 %
Hindus	22,5 %
Buddhisten	9,7 %
Judentum/	
weitere Religionen	12,9 %
Ohne religiöse Bindung	22,1 %
Erklärte Atheisten	5,0 %

Ozeanien

Christen	83,1 %
Muslime	0,4 %
Hindus	1,3 %
Buddhisten	0,1 %
Judentum/	
weitere Religionen	1,0 %
Ohne religiöse Bindung	12,1 %
Erklärte Atheisten	2,0 %

Europa

Christen	82,6 %
Muslime	2,5 %
Hindus	–
Buddhisten	–
Judentum/	
weitere Religionen	0,9 %
Ohne religiöse Bindung	10,5 %
Erklärte Atheisten	3,5 %

ehem. UdSSR

Christen	37,2 %
Muslime	13,4 %
Hindus	–
Buddhisten	1,3 %
Judentum/	
weitere Religionen	0,1 %
Ohne religiöse Bindung	29,0 %
Erklärte Atheisten	19,0 %

Lateinamerika

Christen	93,5 %
Muslime	–
Hindus	–
Buddhisten	–
Judentum/	
weitere Religionen	2,7 %
Ohne religiöse Bindung	3,7 %
Erklärte Atheisten	0,1 %

Auswahlbibliographie

Aufgeführt sind lediglich Titel in deutscher Sprache, abgesehen von dem „Dictionnaire d'histoire et de géographie ecclésiastique". Bei der Benutzung der deutschsprachigen Literatur öffnen sich augenblicklich die Wege zur internationalen Literatur. Bei einigen Titeln handelt es sich ohnehin um Übersetzungen aus dem Englischen, dem Französischen und aus weiteren Sprachen.

1. Darstellungen

Carl Andresen (Hg.): Handbuch der Dogmen- und Theologiegeschichte. 3 Bände. Göttingen 1980–1984.

Carl Andresen/Adolf Martin Ritter: Geschichte des Christentums I/1: Altertum; I/2: Früh- und Hochmittelalter. Stuttgart [u.a.] 1993/1995.

Arnold Angenendt: Heilige und Reliquien. Die Geschichte ihres Kultes vom frühen Christentum bis zur Gegenwart. München 1994.

Peter Antes (Hg.): Die Religionen der Gegenwart. Geschichte und Glauben. München 1996.

Hans-Georg Beck: Das byzantinische Jahrtausend. 2., ergänzte Auflage München 1994.

Jürgen Becker: Jesus von Nazaret. Berlin/ New York 1996.

Karl Heinrich Bieritz: Das Kirchenjahr. Feste, Gedenk- und Feiertage in Geschichte und Gegenwart. Vollständig überarbeitete Auflage München 1994.

Sergij N. Bulgakov: Die Orthodoxie. Die Lehre der orthodoxen Kirche. Trier 1996.

Owen Chadwick: Die Geschichte des Christentums. Stuttgart 1996.

Johannes Chrysostomus: Kirchengeschichte Rußlands der neuesten Zeit. 3 Bände. München/Salzburg 1965–1968.

John Dominic Crossan: Der historische Jesus. 2. Auflage München 1995.

Karl Ch. Felmy [u.a.] (Hg.): Tausend Jahre Christentum in Rußland. Zum Millennium der Taufe der Kiever Rus'. Göttingen 1988.

Karl Suso Frank: Geschichte des christlichen Mönchtums. 5., verbesserte und ergänzte Auflage Darmstadt 1996.

Heinrich Fries/ Georg Kretschmar (Hg.): Klassiker der Theologie. Band I: Von Irenäus bis Martin Luther. Band 2: Von Richard Simon bis Dietrich Bonhoeffer. München 1988 (broschierte Sonderausgabe).

Horst Gründer: Welteroberung und Christentum. Ein Handbuch zur Geschichte der Neuzeit. Gütersloh 1992.

Herbert Grundmann: Ketzergeschichte des Mittelalters. Göttingen 1963. (Die Kirche in ihrer Geschichte; 2G 1) (3. Aufl. 1978).

Hans Heinrich Harms [u.a.] (Hg.): Die Kirchen der Welt. 20 Bände. Stuttgart, ab Band 15 Frankfurt/M. 1959–1986 (Selbstdarstellungen).

Wolf-Dieter Hauschild: Lehrbuch der Kirchen- und Dogmengeschichte. Band I: Alte Kirche und Mittelalter. Gütersloh 1995.

Wolfgang Hering (Hg.): Christus in Afrika. Zur Inkulturation des Glaubens im Schwarzen Kontinent. Limburg 1991.

Anselm Hertz [u.a.] (Hg.): Handbuch der christlichen Ethik. 3 Bände. Aktualisierte Neuausgabe Freiburg/Basel/Wien 1993.

Hubert Jedin (Hg.): Handbuch der Kirchengeschichte. 7 Bände in 10 Teilbänden. Freiburg/Basel/Wien 1963–1979 (Taschenbuchausgabe 1985).

Raymund Kottje/Bernd Moeller (Hg.): Ökumenische Kirchengeschichte. 3 Bände. Band 1: 5., durchgesehene Auflage Mainz/München 1989. Bände 2 und 3: 4., veränderte Auflage 1988 f.

Jean-Marie Mayeur [u.a.] (Hg.): Die Geschichte des Christentums. Religion, Politik, Kultur. 14 Bände. Freiburg/ Basel/Wien 1990 (frz.)/1991 (dt.) ff.

Heiko A. Oberman: Die Reformation. Von Wittenberg nach Genf. Göttingen 1986.

Hans-Jürgen Prien: Die Geschichte des Christentums in Lateinamerika. Göttingen 1978.

Karl Heinrich Rengstorf/Siegfried von Kortzfleisch: Kirche und Synagoge. Handbuch zur Geschichte von Christen und Juden. Darstellung mit Quellen. 2 Bände. München 1988 (dtv; 4478).

William Montgomery Watt: Der Einfluß des Islam auf das europäische Mittelalter. Berlin 1988.

2. Enzyklopädien, Lexika

Biographisch-Bibliographisches Kirchenlexikon. Bearb. und hg. von Friedrich Wilhelm Bautz [ab Band 3: begr. und hg. von Friedrich Wilhelm Bautz, fortgeführt von Traugott Bautz]. Bände 1–(7). Hamm/ Westfalen [ab Band 3: Herzberg] 1975–(1994).

Evangelisches Kirchenlexikon. 3. Auflage hg. von Erwin Fahlbusch [u.a.]. Bände 1–4. Göttingen 1985–1996.

Lexikon der christlichen Ikonographie. Hg. von Engelbert Kirschbaum in Zusammenarbeit mit Günter Bandmann, ab Band 5 hg. von Wolfgang Braunfels. 8 Bände. Rom/ Freiburg/Basel/Wien 1990.

Lexikon der Religionen. Hg. von Hans Waldenfels. Freiburg/Basel/Wien 1987.

Lexikon des Mittelalters. Hg. und beraten von Robert-Henri Bautier. Bände 1–(7). München 1980–(1995).

Lexikon für Theologie und Kirche. Sonderausgabe der 2., völlig neubearb. Auflage, Bände 1–14. Freiburg i.Br. [u.a.] 1986. 3. Auflage, hg. von Walter Kasper u.a. Bände 1–(5). Freiburg i. Br. [u.a.] 1993–(1996).

Lexikon religiöser Grundbegriffe. Judentum, Christentum, Islam. Hg. von Adel Theodor Khoury. Graz/Wien/Köln 1987.

Ökumenelexikon. Kirchen, Religionen, Bewegungen. Hg. von Hanfried Krüger [u. a.]. 2., veränderte Auflage Frankfurt/M. 1987.

Konrad Onasch: Lexikon Liturgie und Kunst der Ostkirche unter Berücksichtigung der Alten Kirche. 1., veränderte Ausgabe Berlin/München 1993.

Reallexikon für Antike und Christentum. Sachwörterbuch zur Auseinandersetzung des Christentums mit der antiken Welt. Begr. von Franz Joseph Dölger [u. a.], hg. von Ernst Dassmann [u. a.], fortgeführt von der Rheinisch-Westfälischen Akademie der Wissenschaften. Bände 1–(16). Stuttgart 1950–(1994).

Die Religion in Geschichte und Gegenwart. 3. Auflage hg. von Kurt Galling. Bände 1–6. Reg.-Bd. 1. Tübingen 1957–1965 (Studienausgabe 1986).

Sacramentum mundi. Theologisches Lexikon für die Praxis. Hg. von Karl Rahner. 4 Bände. Freiburg i. Br. [u. a.] 1967–1969.

Staatslexikon. Recht, Wirtschaft, Gesellschaft. Hg. von der Görres-Gesellschaft. 5 Bände. 7., völlig neu bearbeitete Auflage Freiburg i. Br. [u. a.] 1985–1989. Bände 6 und 7: Die Staaten der Welt. 1992 f.

Theologische Realenzyklopädie. Hg. von Gerhard Müller [u. a.]. Bände 1–(25). Berlin/ New York 1977–(1995) (Studienausgabe in 17 Bänden 1993).

3. Kartenwerke, historische Geographie

Roger Aubert (Hg.): Dictionnaire d'histoire et de géographie ecclésiastique. Anfangs hg. von Alfred Baudrillart. Bände 1–(25). Paris 1912–(1995).

Franklin H. Littell/ Erich Geldbach: Atlas zur Geschichte des Christentums. Wuppertal 1980 (Sonderausgabe 1989).

Jochen Martin (Bearb.): Atlas zur Kirchengeschichte. Die christlichen Kirchen in Geschichte und Gegenwart. Hg. von Hubert Jedin [u. a.]. 2. Auflage zur aktualisierten Neuausgabe Freiburg/ Basel/ Rom/Wien 1987.

Personenregister